取締役の報酬に関する会社法の見直し

（令和 2 年 11 月 27 日開催）

報告者　尾　崎　悠　一

（東京都立大学大学院法学政治学研究科教授）

目　　次

はじめに………………………………………………………………… 1

Ⅰ．改正前の状況……………………………………………………… 2

　1．会社法上の規律………………………………………………… 2

　2．会社法以外の規律等…………………………………………… 4

　3．役員報酬に関する法制度上の課題…………………………… 7

Ⅱ．令和元年改正……………………………………………………… 8

　1．部会における検討……………………………………………… 8

　2．報酬等の決定方針……………………………………………… 9

　3．エクイティ報酬に関する規律の見直し………………………20

　4．開示の充実………………………………………………………23

おわりに…………………………………………………………………25

討　　議…………………………………………………………………29

報告者レジュメ…………………………………………………………53

資　　料…………………………………………………………………62

取締役の報酬に関する会社法の見直し

神作会長　定刻になりましたので、ただいまから第14回金融商品取引法研究会を始めさせていただきます。

　早速ですけれども、尾崎先生、ご報告をどうかよろしくお願いいたします。

［尾崎委員の報告］

尾崎報告者　今ご紹介いただきました東京都立大学の尾崎でございます。

　本日は、「取締役の報酬に関する会社法の見直し」ということで、令和元年の会社法改正に関連してご報告をさせていただければと思っております。

　お送りした資料が、レジュメ1部と、資料1－1と1－2が会社法施行規則に関するもの、資料2－1と2－2が開示府令に関連するものということで、4点つけさせていただいております。

　昨日、法務省のウェブサイトを見たときには、会社法施行規則がパブコメに付されたものしか見つからなかったのですが、先ほど見たら、パブコメを受けた修正版がありました。内容を確認できていないのですが、今日のご報告自体は、施行規則にあまり直接かかわらない話になりますので、ご容赦いただければと思います。

はじめに

　まず、「はじめに」ということで、先ほど申し上げましたとおり、令和元年の会社法改正ではさまざまな改正事項がありましたが、その中で、報酬に関する規制の見直しということも行われております。

　何点かに分けて整理すると、1つは、「報酬等の決定方針に関する規律」を新たに設けること。次に、「金銭でない報酬等（エクイティ報酬）に係る規律の見直し」を行うこと。さらに、これは会社法本体ではなくて、施行規則に委ねられる部分になりますが、「情報開示の充実」を図ることというの

1

が主要な内容として取り上げられております。

報酬規制の見直しに関しては、個々のルールについて、これによって報酬に関する実務が改善するのではないかという評価がある一方で、改正の視点、改正の理念あるいは方向性というのが必ずしもクリアではないという批判もあるところです。

また、報酬に関する議論というのは昨今いろいろありますが、まだベストプラクティスの形成途上、しかも、先はまだかなり長いというような評価もされているところでありまして、そういう意味では、暫定的な改正としての性質にとどまるのではないかというご指摘もあるところです。

本日の報告では、非常に雑駁な形ではありますが、今回の見直しに関して若干の検討を行いたいと考えております。

Ｉ．改正前の状況

１．会社法上の規律

１つ目の「改正前の状況」という項目です。この点については改めて詳細にご説明する必要のないことかとは思いますが、何を報告したいのかということとの関係で、少しだけご説明させていただければと思います。

役員報酬、取締役報酬、経営者報酬に関する規律というのは、基本的には会社法にありますが、会社法以外にも幾つか規制があります。

まず、会社法ですが、今回の改正との関係で最も基本的なルールは、会社法の361条1項です。伝統的に取締役の報酬は、定款の定め、または株主総会の決議によって決定するとされてきたところでして、その趣旨は、お手盛りの弊害を防止すると理解されていました。

ここでは取締役の報酬は、利益相反取引の一種として位置づけられており、361条1項の解釈もそうですが、そのほかの開示を含む取締役の報酬規制に関する解釈論と運用は、基本的にはこの趣旨から組み立てられるということで進められてきたところです。

最も有名なルールの1つは、株主総会の決議で取締役全員の報酬の総額を

定め、その具体的な配分は取締役会の決定に委ねることができる。株主総会の決議で各取締役の報酬額を個別に定めることまでは必要とされていないという判例・実務の解釈論は、取締役全員の報酬の総額の上限さえ定めておけば、お手盛りの弊害を防止することができるという理由づけのもとでとられてきた解釈論・実務です。

　また、ほかにも公開会社は、事業報告において、株式会社の会社役員に関する事項として、役員報酬に関する開示をしなければならないというところですが、そこでも開示されるのは、対象事業年度に係る役員報酬及び当該事業年度において受け、または受ける見込みの額が明らかとなった会社役員の報酬等、それから、会社が各会社役員の報酬等の額またはその算定方法の決定に関する方針を定めているときは、当該方針の決定方法及びその方針の内容の概要であります。

　開示においては、個別開示も可能でありますが、一般的には取締役、会計参与、監査役または執行役ごとの報酬等の総額及び員数が開示の対象となっており、報酬の個人別開示というのは基本的にはされていませんし、法律上、規則上も強制されていないということになっております。

　このような規律になっているのは、役員のプライバシーの問題もありますが、開示の目的が必ずしも明確ではない中、お手盛りの弊害の防止という趣旨から組み立てられた361条の解釈論にのっとって開示もやればいいと考えられてきたということに由来するものだと指摘されているところです。

　もっとも、会社法における役員報酬の規制は、361条以外にも点在しているところであります。監査役報酬については、387条で定めているところです。この条文はお手盛りの弊害の防止ではなく、監査役の報酬等の決定を、取締役ではなく、株主総会にさせることを通じて、監査役の取締役からの独立性を確保することを目的とすると説明されています。また、指名委員会等設置会社においては、委員の過半数を社外取締役が占める報酬委員会が必ず置かれることになっていて、報酬委員会が、執行役、取締役の個人別の報酬等の内容に係る決定に関する方針を定めた上で、その方針に基づいて、個人

3

別の報酬等の内容を決定するとされています。

　取締役会による執行役の実効的な監督のために、報酬委員会を含む３委員会の設置が強制され、ここでは執行役の報酬の決定が取締役会による執行役の監督手段として位置づけられ、業務執行者の監督のために報酬規制を置くということが言われているところであります。また、取締役の報酬についても報酬委員会で決定することになりますが、これは取締役の業務執行者からの独立を確保するために必要な措置であると考えられているところです。

　監査等委員会におきましては、監査等委員である取締役の報酬については監査等委員でない取締役の報酬とは別に定めることになっております。また、業務執行者の報酬額の決定が業務執行者の監督手段であるとの理解を前提に、意見陳述権という形で監査等委員がかかわるという機会を設けようというふうにされています。

　今回の改正でも、あるいは改正に先立った学説でも、経営者の報酬を経営者の監督手段として位置づけるという議論があったところではありますが、これらは部分的には会社法の幾つかの条文に反映されております。また、特に業績連動報酬等を念頭に置くと、この観点が非常に重要であるということが強調され、今回の改正に至る議論におきましても、報酬がもたらすインセンティブに注目する必要があるということが言われてきたところであります。

　そして、これは必ずしも会社法の規制に取り込まれているわけではないのですが、経営者報酬の位置づけについては、報酬のもたらすインセンティブという側面と関連するものと言えるかもしれませんが、ほかにも経営者の獲得競争、経営者市場を想定して、優秀な経営者を獲得するための、あるいは優秀な経営者が引き抜かれないようにするための手段としての側面もあるというふうに理解されています。

２．会社法以外の規律等

　「会社法以外の規律等」ということですが、上場会社における役員報酬に

4

つきましては、会社法以外の枠組みにおいても規制・規律が設けられています。有価証券報告書等におきましては、コーポレートガバナンスの状況の内容として、役員報酬等の額またはその算定方法の決定に関する方針の有無及びその方針がある場合にはその内容等、取締役や監査役等の役員区分ごとの報酬等の総額開示というのが求められていたところです。平成22年に開示府令の改正により、従来は総額開示で許されていたところ、連結で1億円以上の報酬を受けている者については、個別開示を義務づけるという改正がされ、部分的にではありますが、個別開示が要求されることになっております。

　有価証券報告書等において、役員報酬の開示が求められている趣旨は、平成22年の改正のときの説明によりますと、「役員報酬についてのより具体的な情報は、会社または個々の役員に対するインセンティブとして適切か、会社のガバナンスがゆがんでいないか等の観点から、会社のガバナンスを評価し、投資判断を行う上で重要な情報である」ということです。投資判断のための情報として、ガバナンスに関する情報、役員報酬に関する情報を開示しようというのが開示府令の要求とされております。ここでも実際の開示の基準がそれに適合しているかどうかは別としまして、報酬のもたらすインセンティブあるいは報酬のもたらすガバナンスに対する効果というものに注目した規制がなされているということになっています。

　その後、平成31年の開示府令の改正では、報酬に関する開示が強化されています。改正内容につきましては、資料2-1にありますとおり、役員報酬に関する項目が新たに独立して、そこに開示すべき内容がリスト化されております。役員報酬の方針・体系について、株主総会決議の年月日・内容について、役員区分ごとの報酬等の総額、それから、1億円以上のものについての個別開示、業績連動報酬に係る指標の目標及び実績、報酬の決定プロセスについて、開示をすることが求められているわけです。このような開示が求められる理由としましては、「報酬体系が企業価値の向上に向けた経営陣の適切なインセンティブとして十分機能しているか否かは、企業の中長期的な成長期待を判断する要素の1つとして、投資判断や対話において重視」さ

れるべき情報であるということが挙げられています。従来から投資判断を行う上で重要な情報という位置づけがされていたところ、開示府令の改正にあたっては、それだけではなくて、対話においても重要な情報であるということで、役員報酬に関する規制の充実あるいは規制の強化が図られているということになっています。

　それとは別の文脈で、会社法あるいは開示府令とは違いますが、コーポレートガバナンス・コードにおきましても、役員報酬に関する原則というものがあります。「情報開示の充実」の観点から、「取締役会が経営陣幹部・取締役の報酬を決定するに当たっての方針と手続」というのを主体的に情報発信すべきであるということが原則として掲げられております。ほかに、「経営陣の報酬については、中長期的な会社の業績や潜在的リスクを反映させ、健全な企業家精神の発揮に資するようなインセンティブ付けを行うべきである」と言っております。これらも役員報酬のもたらすインセンティブ効果あるいは監督手段としての位置づけに対応した原則として掲げられているものです。

　「補充原則」におきましては、「中長期的な業績と連動する報酬の割合や、現金報酬と自社株報酬との割合を適切に設定すべきである」と言っていて、報酬設計あるいは報酬内容について、一定の方向性を要求しているということになっています。「補充原則」の４－10①のほうは、手続に関するところではありますが、報酬決定プロセスについて、「独立社外取締役の適切な関与・助言を得る」というような仕組みを要求するということで、こちらのほうは業績連動ではなくて、経営者の報酬決定のプロセスのところに関する言及ということになっています。

　経産省におきましては、コーポレートガバナンスに関する提言の中で、役員報酬についても言及をしております。これも業績連動報酬、株式報酬の導入を促す方向の提言をし、それに関連する会社法上の論点等についても若干の言及をしており、解釈指針を示しているというものです。

　縷々述べましたが、役員報酬に関しては、幾つかの観点からいろいろなレ

ベルでルールや提言がされているというところです。

3．役員報酬に関する法制度上の課題

　会社法の改正に戻りますと、基本的には361条は、最初に申し上げましたとおり、お手盛りの弊害の防止を趣旨とするものであります。また、それが非常に強い趣旨として強調されているわけでありますが、ほかのルールも見合わせると、役員報酬に関する規律を、お手盛りの弊害の防止という観点だけから構成することにはかなり無理があるというのが現実であります。

　また、経営者報酬の監督手段としての側面を考えるのであれば、上限を決めれば、経営者と会社の利害対立が解消するという論理、あるいはこれを基礎とする議論、あるいは実務は維持することが困難である、むしろ、監督手段としての側面というのをかなり害してしまう解釈論ではないかと思われます。

　監督手段として適切なインセンティブを設定する。そのためにインセンティブ報酬を用意するということを念頭に置けば、会社から取締役に流出する財産の額が仮に同一であったとしても、会社ひいては株主に対するインプリケーション、インパクトは異なるということであります。

　インセンティブ報酬あるいは監督という側面を踏まえて、報酬規制を検討するのであれば、これは報酬「額」ではなく、報酬「体系」、あるいは報酬「政策」、及びそれらを踏まえた「報酬パッケージ」が特に重要であろうということで、やや標語的な言い方で言われるものでありますけれども、幾ら払うかではなく、どのように払うかが特に重要であるということは、報酬をめぐる議論の中で強調されているところであります。

　また、インセンティブ報酬というものは、非常に複雑な設計になることが一般的でありますし、どのような経営目標に対してどのようなインセンティブを与え、それに対してどういう報酬が適合するのかというのは、極めて技術的・専門的なプロセスと言わざるを得ないところであります。

　現在の建前としましては、株主総会に決定権限があることを前提に、その

権限を取締役会に委任するという構成になっているのですが、株主総会で決定すること自体に無理があって、その無理を前提にいろいろ議論を組み立てることがゆがみをもたらしているのではないかと思われ、むしろ取締役会で報酬を決定することが実態であるということを想定して議論する必要があるのではないかと思われます。

また後ほど述べるところにかかわってきますが、欧米では、株主の関与ということが、Say on Pay という形で議論されることがあるわけですが、我が国では株主総会で取締役の報酬を決定するという建前になっています。なので、形式上は、株主の関与は非常に強い建付けになっているにもかかわらず、もっと関与が拡大され、実質的な関与のあり方を変えていくということが議論されていったりしているわけであります。もちろん我が国と諸外国の状況の違いは把握しておく必要がありますが、株主の関与のあり方が各国で議論され、あるいは検討されていることを踏まえて、株主の関与のあり方、あるいは株主の意思の反映のあり方ということを検討する必要があるのではないかと考えていたところであります。

Ⅱ．令和元年改正

1．部会における検討

そういう観点から、令和元年改正を少しだけ検討したいというのが、ここから先の今日の本題になります。部会においては、もちろんほかの検討事項もたくさんある中での検討でありますが、役員報酬についてもそれなりの分量の議論がされているところであります。

議論については、先ほど申し上げた項目以外にも、議論の途中経過の中で落ちた項目等々もありますが、初期の段階においては、部会における検討の視点としては、3つの視点が掲げられておりました。

まず1つ目は、「お手盛りを防止するという趣旨からしても見直しを検討すべき点があるのではないか」という点です。従来、お手盛りの防止という趣旨から解釈・実務を組み立てきたと申し上げましたが、その解釈・実務も

唯一の方法ではないですし、その観点から見ても不適切と言える実務・解釈があり得るところでありましたので、そこについて検討するというのが1点目です。

2点目が、「取締役の報酬等を取締役に対し適切に職務を執行するインセンティブを付与するための手段として考え、そのような手段として適切に機能するよう規律を見直すことを検討すべきではないか」ということです。

3点目が、「新たな内容の取締役の報酬等が見られるようになってきていることを踏まえて規律を整備する必要があるのではないか」という視点です。

この3つの視点から議論が進められることになりました。

ただ、この3つの視点は、時として整合しない可能性があり得るところでありまして、結局この3つの視点のどこを重視するかによって、おそらく議論が変わってくるところであります。

例えば①の観点は、むしろ361条の従来の趣旨を強調していく方向の議論になるのですが、それ以外の観点が必要だというのが②や③の観点でありますので、そこは少し整合しないところがあります。どの点に注目するかによって、おそらく議論の組み立て方が変わってきていたのだろうと思われるところです。

2．報酬等の決定方針

具体的な改正項目についてですが、まず取り上げる1つ目が（2）「報酬等の決定方針」であります。レジュメでは「現行法」と書いているのですが、これは今回の改正前の法になります。改正前の法におきましては、報酬等の決定方針について、特段、一般的には規定が設けられておらず、指名委員会等設置会社について、「執行役等の個人別の報酬等の内容にかかる決定に関する方針」を定めなければならないというのが409条1項で定められております。また、その方針に従って個人別の報酬等を決定するという建付けになっておりました。

他方、指名委員会等設置会社でない株式会社につきましては、報酬の方針

の決定に関する規定というのは、会社法上は特に設けられていませんでした。

　なお、公開会社の事業報告においては、最初に申し上げましたとおり、施行規則121条6号で、もし決定の方針を定めていれば、その内容の概要を事業報告において開示すべきものとされていましたが、同時に、施行規則121条には委員会等設置会社以外の会社について、その省略は可能とされていたというのが、従来の報酬等の決定方針に関する規定となっておりました。

　指名委員会等設置会社において、個人別の報酬等の内容に係る決定に関する方針を定めることが義務づけられた理由は、報酬委員会においては、執行役の業績を報酬に反映させる等の合理的な報酬システムを確立することが期待されていることにあるというふうに説明されてきたわけですが、合理的な報酬システムを確立すること自体は、指名委員会等設置会社にのみ当てはまる期待ではないと思われ、従来からそのような指摘があったところです。

　先ほど少し申し上げましたとおり、報酬によるインセンティブ付与や監督手段として報酬を位置づけるという立場からは、報酬額それ自体ではなく、あるいは報酬額それ以上に報酬体系ないし報酬政策が重要ですので、そう考えれば、指名委員会等設置会社以外の形態の株式会社に、報酬等の決定方針についての規律を設けるよう要求するということには違和感はなく、インセンティブ付与手段、監督手段としての報酬制度を理解するという観点とも整合的な議論になっているわけです。

　しかしながら、報酬決定の方針について何らかの規律を設けるという立場をとるにしても、どのようなメカニズムを期待して、どのような法ルールを設けるのかというのは必ずしも妥当ではなく、実際にこの点については、法制審議会の会社法制部会の議論においても、その前後の議論においても、さまざまな点が指摘されているところです。

　部会での検討に先立って行われた会社法研究会での報告書では、各取締役の報酬の内容に係る決定に関する方針を株主が判断することができるように、取締役の報酬に係る株主総会の決議に関する規律を見直すことが考えられるのではないかということで、方針を株主が判断するということに言及は

しているものの、具体的なルールについて、特に何か方向性が示されていたというわけではなかったようであります。

　また、会社法研究会の報告書とは関係がないですが、関連して、少し前の時代から、株主総会において報酬等の決定方針等について決議をさせるべきではないかという提案がなされたことがありました。会社法制部会における検討におきましては、報酬決定方針に関するルールというのが報酬規制に関する見直しの事項として取り上げられ、中間試案の段階では、一定の場合に報酬の決定方針等を定めなければならないものとするかどうかについては要検討事項とした上で、報酬の決定方針を定めているときには、361条1項の決議に際して、方針の内容の概要及び議案が報酬に沿うものであると取締役会が判断した理由を説明するという規律を提案していたところです。

　株主総会における説明義務を課す理由といたしましては、取締役の報酬とは、取締役に対して適切に職務を執行するインセンティブを付与するための手段として、企業としての重要な事項であり、その決定過程の透明性及び公正性を確保するためにも、その決定に関する方針を株主に対して開示することが重要であるという指摘がされています。

　このような指摘があることを踏まえ、取締役または取締役会が、取締役の報酬等の内容に係る決定に関する方針を定めるときは、取締役の報酬等に関する議案を株主総会に提出するに当たって、当該議案が当該方針との関係でどのように意義を有しているかを説明しなければならないものとすることが考えられるということであります。決定方針が重要だということは従来の議論のとおりですが、ここでルールとして提案されているものは、単に決定方針を開示するということではなくて、決定方針と実際の報酬議案、総会決議との関係性について、総会において説明することに意義があるというふうに説明されていたところです。

　この提案を軸に中間試案が提案され、その後の検討が進められることになったわけですが、要綱の段階ではルールの内容が少し変更されています。最終的に要綱において記載されたのは、一定の会社における報酬の決定方針

11

等の決定義務ということでありまして、それについて決定する義務があるということと、公開会社においては、事業報告によって情報開示をしろということが提案内容となったわけです。

　株主総会における報酬等の決定方針の内容の概要及び当該議案が当該報酬等の決定方針に沿うものである理由の説明義務という中間試案以降、提案されていた規制内容が消滅した理由は、専ら法制的な観点からの再検討の結果であるとされています。361条1項の取締役の報酬等についての事項は、定款に当該事項を定めてないときは、株主総会の決議によって定めるという文言を踏まえまして、その文言に沿うように、報酬等の決定方針は定款または株主総会の決議による当該事項についての定めに基づき決定されるものであるという書き方をしたというのが要綱案の説明です。

　総会における報酬決定の方針の説明にかえて、361条4項の説明義務を拡充する。従来、不確定額報酬及び非金銭報酬のみを説明義務の対象としていたのを、確定額報酬が相当であることについても範囲を及ぼすと説明されております。説明するということ自体は変わっていないのですが、その説明の内容や位置づけが修正されることになったのが要綱案ということになります。

　率直に申し上げまして、報酬等の決定方針等の議論は必ずしもクリアではないように見えるわけですが、その背景にあるのは、おそらく報酬等の決定方針等というものが何を指すのかというのがあまりクリアではないというか、いろいろな意味を持ち得るということに由来しているのではないかと思われます。

　報酬等の決定方針については、抽象度・具体度にさまざまなレベルがあり、とりわけ複雑な業績連動報酬を決定していく際には、非常に抽象的な方向から少しずつ具体化していくという手順を踏んでいくことになるのではないかと思われるわけです。

　報酬等の決定方針について既に規定が設けられていた指名委員会等設置会社の場合は、最初の抽象度の非常に高い報酬の方針のところから、それに基

づくより具体的な方針、そしてその方針に基づく個人別報酬の決定に至る全てのプロセスを報酬委員会の責任であるというルールになっているのに対して、指名委員会等設置会社でない取締役会設置会社においては、そのプロセスの途中に株主総会決議が入ることになっていて、そのあたりの整理が必ずしも十分にできていないのではないかというような印象を持ちました。

　報酬の決定について、形式的には総会に決定権限があるのは361条1項が示すところでありますが、実際には株主総会の決議に基づいて委任を受けた取締役会が報酬を決定することになっております。総会の決定で全てを決めることはできませんし、実質的にも報酬議案について、例えば複雑なインセンティブ報酬等について、株主が株主提案をするということも現実的ではありません。また、株主総会の場でその決定内容をめぐって実質的な審議を行うということも現実的ではなく、取締役会が会社提案として提出した議案を総会で承認するか否かがそこでの決定のあり方ということになるのではないかと思われるわけです。

　例えばインセンティブ報酬として、ストックオプションを取締役会に、新株予約権を取締役に付与するという場合におきまして、株主総会において、新株予約権の設計について、何らかの決議をする。改正前の361条1項3号に基づく決議、いわゆる改正後の361条1項4号・5号に基づく決議をすることになるわけですが、先ほども言いましたとおり、株主総会に提出する議案を作成するのは取締役会でありまして、株主総会に議案を提出する段階で、インセンティブ報酬について何らかの構想・方針が既に存在していなければ、新株予約権の設計、新株予約権の内容を含む議案を提案することは現実的にはできないということになるかと思われます。

　部会においては、報酬等の決定方針の決定義務をどのような場合に課すかということについても検討がされていたわけですが、最終的には、採用されなかった案として、業績連動報酬等について、株主総会に議案を提出する場合には、報酬等の決定方針を決定しなければいけないという提案がされていたのは、まさにこのような発想に基づくものだと思われます。

他方で、従来、報酬等の決定方針という概念の中では、株主総会決議を踏まえて、どのように、あるいはどのような考え方、どのような手続で個人別の報酬内容を決定するのかという点を捉えてこの概念を使っていたというケースがあり、また、とりわけ個人別の方針という意味では、むしろこちらのほうが報酬方針として意識されていたようにも思われます。

　先ほども少しご紹介しましたが、指名委員会等設置会社でない会社においても、事業報告で、報酬等の決定方針に関連して開示事項というのが用意されていたわけです。ここでは事業報告における報告内容というのは、総会から委任を受けた取締役、取締役会が受任者として委任の顛末について報告するという趣旨で、事業報告の内容とされているというような説明がされていたりもしております。

　そうだとすると、方針というのは、あくまで総会の決定を受けたもの、その後の非常にざっくりとした言い方で言うとやや細かい手順、方針のことを指すと考えられていた。また、プロセスのこと、どういう手順で総会決議の後の手続を進めるかという点について、重点が置かれていたと思われるところです。

　総会に議案を提出する前の方針であれ、あるいは総会に提出した後の総会の決議内容を踏まえたより具体化された報酬の決定方針あるいは報酬の決定プロセスにしろ、いずれも重要なものでありまして、いずれか一方が重要であり、他方が重要でないというわけではないものであります。

　また、前者の方針、非常に抽象的あるいは前段階的な方針を踏まえて株主総会決議がなされ、それを踏まえて、その後のより具体化された方針が決定されるというのであれば、この両者は関連したものになると思われるので、この2つをそこまで区別して議論することにあまり意味はないのかもしれませんが、部会における審議におきましては、この報酬の決定方針とは別に、再一任に関する規律の見直しが議論されておりまして、これは最終的には報酬決定方針についての規律に吸収されることになりました。

　規律の対象が報酬等の決定方針ということになっていたのですが、中間試

案以降、部会資料の中では、報酬等の決定方針とされていたところ、最終段階の報告で上げられていたのは、「〔定款又は株主総会の決議による同項各号に掲げる事項についての〕定めに基づく取締役の個人別の報酬等の内容についての決定に関する方針」というふうに変遷しています。「〔定款又は株主総会の決議による同項各号に掲げる事項についての〕定めに基づく」というものがついてしまったために、後者の部分、総会後の部分に重点が置かれる規律となり、そこから切り落とされることになった前者に関する規律というのは、361条4項の説明義務として位置づけられることになっております。

　なお、361条7項は、決定方針について法務省令で定めることになっておりまして、法務省令で定める事項については施行規則の98条の5で列挙されています。ここで列挙されている事項は、いずれも要綱仮案以前の段階で上げられている提案で掲げられていた事項になります。なので、法務省令で定める事項自体は、この要綱の前後で恐らく想定しているものは変わっていないのですが、そこで意味している内容は、「定めに基づく」という言葉がついてしまったために、かなり射程の狭い、より制限されたものと位置づけられることになったのではないかと思われます。

　そこで切り落とされた部分については、4項の説明義務の対象となるということで、先ほど申し上げたとおりです。ただ、これは部会の立案担当者の説明の中でも出てきますが、4項の説明の中には、決議が成立した場合に、7項の方針として定める予定の内容も含まれることになっている。7項自体は非常に狭い範囲のものを指していることになるわけですが、それ以外の部分との連携というのは、まだ4項の説明に関して残っている状態になっているというのが、現在、改正法の方針に関する規定の内容と思われるところです。

　あえてこのように分断して理解するということに意味はないのかもしれませんが、報酬等の決定方針については、施行規則において、事業報告における開示の対象とされております。

　事業報告における開示につきまして、施行規則121条6号と6号の2とい

うところで規定が設けられているのですが、この２つの関係がよくわからないところがあります。６号のほうで、開示すべきものは361条7項の方針、また409条1項の方針について、各号列挙という形で記載内容を要求するということになっています。

　それと同時に、６号の２が、もう一つ開示事項として定められております。これも決定方針に関する規定にはなっているのですが、６号の２は、各会社役員の報酬等の額またはその算定方法に係る決定に関する方針のうち前号の方針を除くものについても記載せよということになっていて、361条7項の方針というのが、従来多くの議論で想定していた方針のうち、一部の部分を切り取ったという形になっておりまして、その切り取った以外の部分が６号の２に拾われているということになっているのではないかと思われるところです。

　それに関連しますと、開示事項の６号のほうで、409条1項についても上げられておりまして、指名委員会等設置会社における方針について、６号と６号の２に分断する根拠がよくわかりません。よくわからないとしか申し上げられないのですが、この方針に関しては、規定の修正に伴って、方針という言葉で指す内容について変わってしまっている。

　また、翻って考えると、従来、決定方針がとても重要だということを強調していた議論があったわけですし、私もそういうことを申し上げたことがあったのですが、そこで言う決定方針について、論者によって想定している内容がかなり違ったのではないかということが、自分の反省も込めてですが、改めて明らかになったのではないでしょうか。

　その立場から考えると、６号と６号の２の区別というのがどこにあるのかというのは、もう一度考えないといけないのかなということは、考えた結果、どうなるのかまでは詰められてないのですが、報酬の決定方針について規律することの意味というのは再検討が必要ではないかと思われるところです。

　よくわからないまま申し上げることになるわけですが、報酬の決定方針について、新しく規律を設けたことについてどのような意味があるのか、ある

いはあり得るのかということについて少しだけ付言しますと、まず1つ、決定義務を設けることになりますと、決定義務に違反した場合どうなるのか、決定しなかった場合どうなるのかということがあります。また、決定方針に反する報酬を決定してしまった場合、それがどれくらいあり得ることなのかは別として、その場合にどういう法的効果をもたらすのかということも法律論としては検討の対象になるかと思われます。

　この点については、立案担当者の説明としましては、このような場合における報酬等の決定は違法であって、無効であるという解釈が示されているところであります。また、このような解釈論に対して、各取締役の報酬等の決定は、取締役会における取締役による報酬等の決定方針の決定と、それに従った報酬等の決定を定める改正法上の手続規制に違反するものと理解され、重大な違法である。また、規制違反の行為を無効としても、これは基本的には会社と報酬を受け取る取締役の関係などで、取引の安全を害する危険性は高くない。株式報酬等の場合、また事情は変わってくるところはあるかもしれませんが、そのような見解で、この解釈を支持する、そういう論考も見受けられるところです。

　かつては、株主総会の決議の範囲内で報酬が決定されている限り、具体的な内容については会社法上の問題は一切ないというような理解が示されることがあったのですが、決定方針を決定しなさいということを義務として定め、それに一定の法的効果を結びつけるという立案担当者らの議論というのは、従来の総会決議さえとっておけば、その枠内であれば問題がないという理解を排除するということになるのだろうと思われるところです。

　他方で、仮に報酬等の決定方針の違反が重大な帰結をもたらすというふうに解釈するのであれば、決定方針の決定が形骸化・抽象化するという危険性があるのではないかという気がいたします。また、そのようなことが仮に起こるとすると、決定方針を決定させるということの意義を減殺させる可能性もあるかと思います。

　また、より現実的な問題としましては、各取締役の報酬等の具体的な決定

が取締役会で定める報酬等の決定方針と適合するかどうかをどうやって判断するのかというのは非常に難しいと思います。とりわけ後に申し上げます現在の開示のあり方を考えると、そのようなことを考えるのは現実的ではないように思われます。

　361条7項に基づく方針を決定しないまま、個人別の報酬を決定すること自体が重大な違法である、非常に問題があるということ自体については全く異論はないのですが、だから、その報酬の決定が無効だと言っていいかどうかについては、若干躊躇するところはあります。

　また、従来から指名委員会等設置会社については、このような方針を定め、方針に従って個人別の報酬を決定しなさいと言っているのですが、そこでその方針を決めなかった場合、あるいは決めたけれども、それに違反した報酬を決定した場合に無効であると解釈されていたかというと、必ずしもそうではないのではないかというようなところもあります。指名委員会等設置会社の場合とそろえるという観点から見ると、違法・無効という解釈は絶対ではない。むしろ有効とした上で必要な責任追及とか、それも現実的にどれくらいワークするかは別として、そちらで考えたほうがいいのではないかとも思われるところです。この点について立案担当者の解釈が本当にいいのかということについては、少し疑問を感じているところです。

　また、報酬の決定方針の決定が義務づけられることによりまして、株主総会決議の委任に基づく個人別の報酬の決定に関する取締役の責任に関する議論に若干の影響が及ぶ可能性があります。先ほども少し責任に言及しましたが、従来、株主総会決議の範囲内で取締役の個人別の報酬の決定がなされた場合について、その決定に司法審査が及ぶか、その決定を行った取締役等が善管注意義務違反、忠実義務違反に基づく損害賠償責任を負うかということについては議論があったところです。比較的最近の平成30年4月12日の東京高裁の判決では、取締役会から再一任された代表取締役による報酬の決定が、善管注意義務違反、忠実義務違反に当たるのではないかということが判断されました。

この事案は最終的には責任は否定されているわけですが、ここでは、報酬について、361条の決議を行った株主総会の際の説明との関係で、株主の合理的意思に反する個人別報酬の決定がなされたのではないかというようなことが主張されていました。事案としては、株主の合理的意思自体が必ずしも明確ではなかったので、原告の主張は排斥されているわけでありますが、4項の説明義務の強化というのは、株主の合理的意思、あるいは報酬決議の趣旨を明確化するという機能を有し得るので、決定者の裁量を制約するという可能性があるかと思われます。

　また、361条7項の方針も代表取締役の裁量というのを、再委任を受けたのが代表取締役の場合ということですが、その裁量を制約する方向に機能する可能性があります。また、仮に再委任された決定者に対する他の取締役の監視義務が問題となるような場合があったとしても、方針との適合性の確認等は求められることになるでしょう。また、施行規則98条の5第6号ハで、再一任を受けた者が適切に権限行使するための措置を講じることとするときは、その内容が方針に含まれるとされておりますので、再一任を受けた者が適切に権限行使するための措置がもし講じられている場合には、監視義務の内容の具体化につながるでしょうし、もし講じられていない場合には、講じられていないことの当否が問題となるということなので、監視義務違反の争点がより明確化しやすくなるということはあるのかもしれません。

　もっとも、先ほども申し上げましたとおり、決定方針というのは、必ずしも個人別の報酬を一義的に定めるほど強力なものになるとは考えにくいところでありまして、従来、司法審査を肯定する見解も、委任を受けた者の裁量を比較的広く認めていたように思われるところですので、この点については責任問題という点についての影響はかなり限定的であり、個人別報酬の決定について事後的に司法審査で、裁判で争うということは困難であると指摘されてきたところでありますが、その状況自体は今後も変わらないということになると思われます。

　この決定方針を定める、あるいはこれについて事業報告で開示するという

ことについては、期待されているのは資本市場の規律ということで、取締役の報酬等の内容に係る決定手続に関する透明性を向上することによって、資本市場からのプレッシャー、機関投資家等々からのプレッシャーが強まるのではないかということが期待されていると思われますが、この点については開示のあり方ともかかわってくることで、後ほど改めて検討したいと思います。

3．エクイティ報酬に関する規律の見直し

次の「エクイティ報酬に関する規律の見直し」という項目です。これについては361条1項1号から3号という形で、従来、株主総会決議の決議事項を定めていたところ、改正法では361条1項1号から6号という形で記載内容をより明確化する。非金銭報酬と位置づけられるものについて、株式報酬、新株予約権報酬については、それに適合したより具体的な決議事項を定めるというふうになっています。具体的な記載事項は法務省令で定めることになっており、施行規則98条の2から98条の4で整理がされています。

3号から5号で株式報酬、新株予約権報酬について決議事項を整理するというので、どのような観点から整理されるかというと、当該エクイティ報酬が取締役に対するインセンティブとしてどのように機能するか、既存株主の持株比率の希釈化がどの程度生ずる可能性があるかを株主に確認させる、この確認の観点から、必要な事項を株主総会の決議事項としようというのが基本的な思想であり、それに基づいて具体的な内容を法務省令で定めるという建付けになっているということです。

また、株式報酬に関連して、払い込みなしに報酬を株式交付することができるという株式の無償交付に関する規定が新たに設けられることになりました。これらはエクイティ報酬の発行をより円滑に、よりわかりやすく行うための仕組みというふうに位置づけられております。

株主総会決議で何を決議すべきか、どう決議すべきかということについて、よりわかりやすくするというのがこの改正の狙いとされています。そもそも

株主総会決議のあり方自体で、現在の法律において、改正法においても、新たに報酬を追加で交付するときに、新たに総会決議をとるという建付けになっているのですが、そういうパーツ、パーツの部分について総会決議の対象とするのではなくて、報酬パッケージ全体がわかる形での総会決議というのが望ましいのではないかという疑問が従来からあったところであり、また、この改正の過程でも、改正後にも、そのような疑問が提示されているところであります。

　もちろん実際には、新たに追加的な総会決議をとるときには、株主総会参考書類等における開示あるいは株主総会における説明を通じて、従来の報酬がどうだったのか、どのような報酬体系になるのかが説明されることにはなると思われますが、従来の解釈論とそのインセンティブ報酬として株主をどう関与させるかという点についてはうまく接合していないという評価になるのではないかと思われます。

　また、従来エクイティ報酬を支給するときには、３号の非金銭報酬の決議とともに、１号、２号の決議をとるというふうにされていたところ、この点については必ずしもはっきりしないようにも思われますが、改正法においても同様に３号から５号の決議に合わせて、１号、２号の決議をとるというふうに理解されています。

　１号の決議というのは、典型的には確定額の金銭報酬について上限を定めるというものでありまして、これはお手盛りの弊害の防止がまさしくストレートに反映しているという決議事項なのですが、インセンティブ報酬に適合的な規律を設けるという形で３号から５号を見直したとしても、なお１号の決議を要求するということであれば、お手盛りの弊害の防止がインセンティブ報酬の規律の中にもなおしつこく残っていることになるのではないかと思われます。

　なお、先ほども申し上げましたとおり、３号から５号の決議内容につきましては、希釈化の程度・可能性について株主に確認させるという観点から決議事項が整理されるということになっています。ただ、この点については希

21

釈化の程度・可能性について株主に確認させるということがどういう意味を持つのかというのは、必ずしもよくわからない部分があるように思われます。不適切な方針によって株主が害されるというのは、別にエクイティ報酬に限った話ではないので、エクイティ報酬について、特に希釈化の程度・可能性を株主に確認させるということがどういう意味を持つのかということであります。

　もちろん新株発行等につきまして、株主総会で決議させられ、株主総会から委任するときには、委任の限度を示すことが一定の場合には要求されていることを考えると、エクイティ報酬として、新株発行、新株予約権が発行されるときも同じように確認させることにはそれなりに意味があるようにも思われます。また、比較法的にも、エクイティ報酬について、別途、株主総会決議を要求するという例もあったりするので、そう考えれば、希釈化の程度・可能性について確認させることには意味があると思うのですが、ただ、立法論的な観点からすると、希釈化について株主が確認しなければいけないという判断というのはもう少し違う意味を持つのではないかと思われます。

　また、報酬パッケージがわからなくても、希釈化の限度さえわかればいいという議論になっているようにも見えなくはないところ、それが本当にいいのかというのは、先ほど申し上げたことの重複になりますが、疑問であります。

　また、決議事項として、一方では、より具体的な内容を書かせたいという要求があり、他方で、技術的・専門的な事項なので、あまり細かく書けないとか、あるいは細かく書くと、具体的な報酬設計の柔軟性が失われるとか、あるいは情報量が増え過ぎて、かえって株主の判断を難しくするというような観点での支障もあるところでありまして、法務省令は、過度に詳細で具体的にならないように、一応その点に配慮したものというふうに説明されています。

４．開示の充実

　続きまして、開示の充実についてです。従来から我が国の役員報酬の開示は、諸外国に比べて情報量が少ない、充実させるべきであるという点については、おおかたのコンセンサスがあったように思われます。他方で、開示の充実をめぐっては、既に開示府令に基づく開示が先行しておりますし、コーポレートガバナンス・コード等でも情報開示がうたわれているところであります。

　今回の改正について、報酬の開示の充実というのは、施行規則121条、122条、123条によって改正が行われているところであります。具体的な改正項目として、要綱で挙げられているのが、レジュメにも掲げました6項目であります。①や③の部分については、そもそもこれに関連した実体的なルールについて争いがあったところでありますが、開示の拡充自体にはおおむね異論はないというところであります。

　開示の拡充について異論がない背景としましては、上場会社等を想定した場合には、既に平成31年の開示府令による改正を受けて、有価証券報告書において、相当する事項の開示を求められているということが挙げられています。

　施行規則の改正に当たりまして、パブリックコメントでは、有価証券報告書の開示事項とは違った開示が要求されているという指摘があって、それに対しては、揃えますという返事がされていたりしております。基本的には開示については、法制審議会の議論の中でもありましたとおり、開示府令の改正を受けたものになっています。

　そういう意味では、開示については特段異論があるわけでもなく、議論が必要な部分があるわけでもないようにも思われますが、少し翻って考えると、どのように開示すべきかということについては、我が国の情報量が少ないということと比較してしばしばとりあげられるのが、米国の開示が非常に充実しているということで、そことの差を見て、もう少し充実させるべきであるということはよくわかりますが、開示にはコストも伴うところであり、情報

量が大きくなれば、利用者の理解可能性というのも低下させるおそれがありますので、抽象的には目的との関係で必要な情報を提供するということが求められるはずであります。

この点から考えると、事業報告に関する報酬の開示の目的というのは、必ずしも従来よくわかっていなかったようにも思われます。例えば職務執行の対価として適当であるかどうかを検討する機会を与えるということですと、どの程度の情報があれば適当か否かを判断できるのかというのはなかなかはっきりしない部分もあります。また、責任限度額との関係で、報酬情報が重要だというのもそのとおりなのですが、この場合も、責任というのは個人に発生するので、個別開示でなくていいのか等々、疑問の余地が出てくるところでありまして、事業報告における開示の目的は必ずしもはっきりしないところであります。

有価証券報告書につきましては、先ほども少しご説明しましたディスクロージャーワーキング・グループのほうで報告がされておりまして、投資情報としての重要性、また、対話のための重要性ということが掲げられています。報酬の文脈では、「経営陣の報酬内容・体系と経営戦略や中長期的な企業価値向上の結び付きの検証」、「実際の報酬が報酬プログラムに沿ったものになっているか、経営陣のインセンティブとして実際に機能しているかの確認」、「報酬プロセスの客観性・透明性のチェックやその実効性の確認」というようなことが掲げられています。

法制審議会で事業報告における開示の目的として議論されていた際は、報酬体系が取締役に対して適切なインセンティブを付与する設計になっているかどうか、その仕組みが十分に説明されるべきだという投資家サイドの意見なども出ていました。事業報告における開示の目的と、有価証券報告書等における目的が、徐々に重複しているのではないかと思われます。

そうだとすると、開示が重複することになって、役割分担等を考えなくていいのかという問題はあるわけですが、とりあえずは有価証券報告書における開示の目的から照らして考えるとすると、報酬内容とプログラムが結びつ

いているかどうか、プログラムに沿ったものになっているかどうかというのは、基本的には個人ベースで見ないとわからないのではないでしょうか。

　もちろん、報酬に関する開示が何もないところと比較すると、総額とトータルを見比べて、何もない状態よりは、はるかによくわかるわけですが、実際に個々の取締役がどういうインセンティブを与えられているか、それは個々の取締役ごとにプログラムの内容が決まっていくはずですので、そうだとすると、個別開示なしに実現するのは無理な話であり、個別開示はこの部会において割と早い段階で否定されていたように思われますが、今後はこういう観点から必要になってくると思います。

　先ほど申し上げたワーキンググループの報告におきましても、まずは役員報酬プログラムの内容の開示の充実が優先だということを言っているわけですが、これを優先させて、そして検証を始めようとなると、個別開示が必要ということになっていくのだろうと思われます。

おわりに

　やや長くなってしまいましたが、「3．おわりに」の部分です。今までの部分もかなり雑駁な報告ですが、さらに増して雑駁なことを申し上げることになります。

　まず、報酬規制の目的ということで、インセンティブ報酬について規律の見直しをするというのは重要な課題でありましたが、会社法の目的との関係では、このインセンティブ報酬を導入すること、あるいは導入を拡大すること、それ自体が目的とされているわけではありません。インセンティブ報酬を導入するときに適切な規律を設けることが目的になっていたわけです。

　他方で、会社法以外の文脈では、インセンティブ報酬の導入の拡大、それ自体が目的となっている。経産省の報告書等、あるいはコーポレートガバナンス・コードでも、そういう方向性が示されております。このあたりは、最初に申し上げましたとおり、ベストプラクティスが形成される過程にあるのであれば、その過程を見た上で会社法のほうで受け皿をつくることが必要に

なってくるのではないかと思います。

　それから、会社法と他のルールとの役割分担ということですが、開示に関して言うと、先ほども申し上げましたとおり、会社法以外にも開示のルールはあります。しかも、その目的は重複していると思われます。近時の開示の充実というのは、建設的な対話の促進という観点からうたわれているところであり、これは会社法における開示の目的とも重複しているというふうに評価することができます。そうだとすると、他のルールと重複している中で、会社法であえて開示について、あるいは報酬に関連して規律を設けることはどういう意味があるのかということが問題になるのかもしれません。

　会社法による規律の意義として、他のルールの実現で困難なものとしては、報酬決定プロセスの中に、株主総会の関与を位置づけるという部分になるのではないかと思われます。もちろん、ほかのルールで、例えばコーポレートガバナンス・コード等を通じて、株主総会の関与を認めるということもあり得ないわけではないという指摘もされているところであり、株主総会の関与というのは、会社法でしか実現できないという枠組みではないのですが、会社法における規律の意義として、そういうところを取り上げるということは可能かもしれません。

　また、その観点から見て、今回の改正に関する評価として、株主総会の関与の実効性を改善させる改正であったという評価もなされているところであり、会社法として定めるべきことを定めたという観点があるのかもしれません。

　ただ、株主総会の関与というときに、361条1項の決議と見るのであれば、そもそも361条1項の決議はそんなに頻繁にされるわけではないところもありまして、会社法が361条1項の決議を通じて、報酬に関して適切なコントロールをかけるということは期待することがなかなか難しいようにも思われます。

　事業報告の記載の充実というのが間接ながら、つまり、取締役の選任決議等に係る株主の議決権行使に影響を及ぼす可能性があり、そういう形で総会

の関与が出てくるのだという可能性も指摘されているところであります。例えば取締役の能力、業績が、報酬に見合わないということに株主が不満を持つのであれば、その不満を当該取締役の選解任議案について、あるいは報酬を決定した取締役の選解任議案に反映させればよいということを指摘するような考え方になります。

　ただ、このような考え方をとる場合、取締役選解任とは別に、報酬について、361条1項の決議を求めることの意義というのが改めて問題になるように思われます。選任決議は、任期である1年あるいは2年に1回議案になるのに対して、361条1項は、場合によってはずっと決議の対象にならないわけですので、そう考えると、361条1項の総会決議に何の意味を持たせるのかというのは、少し疑問があり得るのかなと思われます。

　会社法の特殊性としては、会社法の場合、基本的には取締役会設置会社も、そうでない会社も含めて、指名委員会等設置会社を除く全ての会社が361条1項の対象となってくることになりますので、そう考えると、小回りが効かないというのが現実的にあるのかもしれません。

　もちろん361条7項の決定義務の対象を限定したり、株式の無償交付について、上場会社について認めるとか、ある程度カテゴリーを分けてルールを書き分けることは可能でありますが、それも全てのルールについて適切に書き分けるのがなかなか容易ではないと考えるのであれば、事業報告における開示についても、開示府令がリードしているという実際を踏まえると、上場会社の報酬・実務の改善のためには、金商法、コーポレートガバナンス・コード等によるほうが現実的な対応かもしれません。とりわけ最終的な解決が、エンゲージメントあるいは取締役人事ということになるのであれば、会社法により対応できること、対応すべきことは多くないのかもしれません。

　最後に、指名委員会等設置会社における規律です。今回の報酬規制の見直しは、基本的には指名委員会等設置会社に関する規律を見直していません。361条1項の決議事項の修正・明確化に整合する形で、409条3項各号の決定内容が改正されたというのが1点と、あと、先ほども少しだけ申し上げま

したが、個人別報酬の内容に係る決定に関する方針について、事業報告における開示のルールが修正されたということでありまして、指名委員会等設置会社のルールは変わっていないわけです。

　指名委員会等設置会社については、報酬委員会で決定することになっているわけですが、これはお手盛りの危険はない、361条は、お手盛りの危険の弊害を防止するという観点であるところ、報酬委員会による決定というのは、お手盛りの危険はないので、総会決議は要らないというふうに従来理解されてきたわけです。

　ただ、最初のほうで申し上げましたとおり、お手盛りの危険があるということが、必然的に361条のルールのような総会決議を要求するわけではないのと同様に、お手盛りの危険がないということは、総会決議は要らないということの絶対的な理由にはならないように思われます。

　欧米では法制が違うので、法的意味をどう理解するかという問題はありますが、いわゆる Say on Pay と言われる制度があるわけでありまして、それはお手盛りの弊害を防止するとかいう観点ではなくて、役員報酬について、株主がどう関与すべきかという模索の中で出てきている仕組みということになっているわけです。

　今回の改正により、361条については、お手盛りの弊害を防止するという以外の観点が明示的に導入されております361条1項3号から5号のエクイティ報酬に関する決議事項については、先ほども少し申し上げましたとおり、インセンティブとしてどのように機能するか、それから希釈化がどの範囲で生じる可能性があるのかということを株主に確認させることに意義があるとされているわけです。

　これも重複になりますが、361条1項、お手盛りの弊害の防止という観点の規制をなお残している。1号、2号の骨格が残っているので、単純には言えないのですが、エクイティ報酬についてインセンティブとしての機能を株主が確認すること自体が重要である。あるいは既存株主の持株比率の希釈化がどの程度生じるか。その可能性について株主に確認させることが重要であ

る、ここの部分を抽象的に持ち出せば、指名委員会等設置会社にも同じような議論は妥当するのであり、なぜ指名委員会等設置会社の場合に、株主総会決議が不要とされているのか、お手盛りの弊害の防止とは別の理由から改めて検討される必要があるのではないかと思われるところです。

　基本的な方向性も何もなく雑駁な報告になって申しわけありませんが、私からの報告は以上とさせていただければと思います。ご指導、ご教示よろしくお願いいたします。

討　議

神作会長　尾崎先生、大変貴重なご報告を、しかも時間ぴったりにおさめていただいて、どうもありがとうございました。

　それでは、ただいまの尾崎先生のご報告に対しまして、どなたからでも結構でございますので、ご質問、ご意見をよろしくお願いいたします。

　なお、恐縮でございますけれども、ご発言される前に、お名前をおっしゃっていただくようお願いいたします。

大崎委員　大変精緻で詳細なご報告をいただきまして、ありがとうございました。精緻なご報告に対して非常にいいかげんな質問ですが、私が誤解した面もあるとは思いますけれども、ご報告を伺っていて、今般の会社法の見直しの中では、報酬等の決定方針を新たに制度に取り込むところが１つのポイントだったように聞きました。

　この決定方針は、前から尾崎先生のご指摘もあったとおり、開示府令では開示することになっています。私もものすごくたくさんの開示例を見たわけではありませんが、比較的開示がすぐれているであろうと思われる会社の実例を見ても、例えば取締役に対する報酬は、「優秀な人材を確保すること、監督機能を有効に機能させること、中長期的観点で企業価値を向上させることを主眼に決定することが基本方針である」とか、その報酬の水準については、「グローバル企業にふさわしい報酬水準とし、優秀な経営人材を確保する」とか、そんなようなことが書いてあるわけです。

何もないよりは立派な開示ではないかという感じもしなくはないのですが、そもそも決定方針に関して、決議をとるかどうかとか、開示でとめるのかとか、規制のやり方にレベル差はあるにしても、そこまで大事なものと考えることにどのような意味があるのかということについて、何かお考えがあればお聞かせいただきたいということが１つです。

　もう一つは、これも尾崎先生の精緻なお話から外れて漠然とした質問で、かつ有価証券報告書の開示に関することで会社法の話とは違うかもしれませんが、役員報酬開示で何を目的とするかという場合、お手盛りとか、業績と無関係に金が出ていくことを防ぐというようなことを主眼とするとすれば、１つは、業績連動報酬の開示を充実させることと、もう一つは、株主は業績を見ているわけですので、業績が下がっているのに報酬がふえているとか、そうではないとか、実額の経年的な変化がわかりやすいという意味で、単年度というよりは、アメリカでやっているような、例えば３年間とかの開示をするほうがいいのではないかと思いました。

　また、個別開示の基準である１億円以上というのは、ちょっと狭過ぎる気がします。幸いと言うと変ですが、今、取締役、執行役の人数が昔に比べれば非常に少なくなっているので、せめて上位５人ぐらいまで個別開示をすることが有効なのではないかと個人的に思いました。

　以上についてお考えをお聞かせいただければと思います。

尾崎報告者　決定方針の開示事例で、あまり意味がないというか、抽象的に過ぎて理解ができないとか、あるいは大分古いものになると、それこそ「取締役会でちゃんと検討して、総会の範囲内で払うことにしています」というような、何を言っているか情報を読み取ることが難しい開示の例もあったりしますので、決定方針を開示させるというときの決定方針として、どういうものを想定して、どの程度書かせるかというのはやはり重要であり、同時に、それをなかなかうまく言えないのが実情なのだろうと思います。

　ただ、何に注目するか、続けていただいた質問ともかかわることですが、インセンティブを与えるために報酬を設定しているのだと仮に言うのであれ

ば、その目標がクリアになっていないといけないのではないか。目標との関係でどういう対応のさせ方をするかは技術的に複雑な部分があり得るので、どこまで開示できるのかわかりませんが、この報酬プログラムは、何を注目しているのか、何に重点に置いているのかを開示させるべきだと考えられます。

　単に「グローバルで活躍する」とか「当社のビジネス内容に応じ」といった話ではなくて、「うちの会社はこういう点を注目しているので、これに連動させるのです」という説明はせめて必要だろうと思います。そういうものがあれば、少なくとも対話は可能になるだろうと思います。そこから先、どこまで開示するかは会社のポリシーによりますし、対話の中で決めていけばいいのではないか、私も幾つかの会社のサンプルを見ていて、何を重要と考えているのかがわかる仕組みがせめてほしいと思っていました。

　そうしたところからいうと、ご意見の中でもいただいた経年変化を見るというのはもちろんとても重要です。今、とりわけ中長期の業績と連動ということを言っている以上は、単年で「今年よかったから報酬がふえました」とか「今年悪かったから報酬が減りました」では、何のためのプログラムかよくわからないですし、それだったらボーナスでいいような気もします。そうではなくて経年変化を見る、投資家も業績を見ているとおっしゃいましたが、その中でも、この会社にとって、この経営者にとって、この経営のあり方にとって一番重要な指標は何かを示して、そことの対応を経年で示せば、それがどんなに大きな意味を持つのかは、実務の感覚がわからないので何とも言えませんが、少なくとも今の状況よりは対話が可能な状況になるのではないか、非常に抽象的な話ですが、そう思っているところです。

　個別開示は必要だと私は思っています。個別開示のあり方をどうするかはよくわかりませんし、とりわけ「プライバシーだ」と言われてしまうと、「開示をさせろ」と積極的に言いづらい部分はあるのですが、おっしゃっていただいたとおり、上位何人というのは非常に合理的だと思います。

　個人的には、会社の経営方針は少なくとも建前上、経営トップが決めてい

ることになりますので、せめて経営トップの分だけでも見せれば、今よりは
よほど意味があります。もちろんその場合、誰を経営トップと見るのかとい
う問題が派生的にあるかもしれませんが、とりあえず、抽象的に言えばその
会社の代表取締役、もうちょっと会社の立場でいうと CEO とか社長とか、
その個別開示をするだけでも、少なくとも現状よりは、はるかに意味のある
情報が出てくるのではないかと思っています。アメリカのような形で、上位
５人とか何人というのはそれはそれで意味があると思いますが、「せめて代
表者は個別開示したらいかがですか」と思っております。

大崎委員　今お話を伺っていて、会社法ということからいえば、代表権のあ
る人は開示するというやり方は一考に値するのではないかと思いました。

河村委員　ご報告どうもありがとうございました。今の大崎先生のご質問に
も関連するかもしれませんが、方針について少しお考えをお聞かせ願えれば
と思います。

　方針について、会社の経営者に与えるインセンティブの中身を書かせると
きに、最近、企業側も投資家側も SDGs や ESG に対する関心が高まっていて、
経営者の報酬の中にも ESG に関連するような指標を組み込んでいく。例え
ば従業員の満足度とか、CO_2 の削減率とか、そういうものを連動させる、さ
らには定量的な指標ではなくて、何か定性的な ESG の指標を絡ませるとい
うことを言っている企業が出てきているように思います。

　今回、会社法施行規則で定められた「業績指標」という言葉の中に、そう
いうものが入ってくるのかどうか。業績指標の中に入ってこない指標のよう
なものがあるのだとすると、それが本当に十分に開示されるような形になっ
ているのか。その点について先生はどのようにお考えか、お聞かせいただけ
ればと思います。

尾崎報告者　私自身は SDGs とか ESG に対してそんなに関心が高いわけで
はないので、そこに連動させること自体がいいことか悪いことかは何とも判
断できないというか、別にそれはやらなくてもいいのではないかという気も
しなくはないのですが、ただ、別にそれを業績として捉えてはいけないとい

う理屈はないはずです。

「うちの会社にとってこれが重要です」という場合、売り上げや利益だけではなくて、それ以外のもの、先ほどおっしゃっていた中で割と数字でイメージでしやすい、それこそ CO_2 削減率とかそういうものを業績として挙げることは不可能ではないと思います。また、正確に確認していないのですが、開示をめぐる議論の中で、あるいは今回の施行規則のパブコメの中でも、数字で示せない定性的なものについては、その項目を挙げればいいではないかということが言われていて、実際そうなのだと思います。数字で表せないものが業績連動として採用できないとか、あるいは開示できないということは多分ないだろうと思います。

そこから先、開示した後の評価は、それをすばらしいと思う人もいれば、すばらしくないと思う人もいる。それは開示した後の話なので、開示自体はできますし、それを業績連動と称して報酬に入れてはいけないという理屈も私には浮かばないというのが、印象のレベルで思うところです。そういうものが大事な会社はやればいいし、それは開示可能だろうと思っております。

河村委員　SDGs とか ESG がいわばブーム化していて、私は、見せかけだけの会社が「ESG に連動させます」と言ってくることに大変懸念を覚えていて、むしろそういうところをきちんと開示してもらう必要があるのではないかと思っています。その点で、今のご意見は、業績指標に含めて事業報告でも開示させていくということだったと思いますので、了解しました。

弥永会長代理　尾崎先生、ありがとうございました。今日ちょうど法務省令も出たので、いいタイミングだったと思います。3つほど質問させていただきます。

1つは、先生もご指摘のように、有価証券報告書における開示と事業報告における開示が重複しているという問題があるわけですが、重複してでも開示させたほうがいいというのは、事業報告の場合には総会での説明義務の対象になる、あるいは役員の選解任の議決権の行使に対しての判断材料となるという面で意義があるのでしょうか。事業報告であえて開示させることの意

味はどのあたりにあるのでしょうか。かりに、先ほど先生がおっしゃったように、会社法施行規則で要求される開示内容は、企業内容等の開示に関する内閣府令で要求されているのと同程度か、それよりも簡略化されていますので、どうなのでしょうか。

　第2点は、非常に素朴な疑問です。今回の会社法の改正において、社外取締役がかなり重要なものと位置づけられています。有価証券報告書提出会社については少なくともそういう発想に基づいて社外取締役を置くことを要求しているわけですが、監査役や監査等委員である取締役については独立性を担保するためにその報酬を別に決めるとされているのに対して、社外取締役の報酬を分けて決定することは求められていません。これは独立性の確保という観点から整合的な制度と考えてよいのでしょうか。

　3点目は、報酬の決定方針についてです。非常に抽象的な決定方針であれば、それはいかようにでもなるのでしょうが、会社法施行規則第121条6号のハでは、「当該事業年度に係る取締役の個人別の報酬等の内容が当該方針に沿うものであると取締役会（指名委員会等設置会社にあっては、報酬委員会）が判断した理由」を書かせることにしています。しかし、そもそも指名委員等設置会社においては報酬委員会が自分で個人別の報酬を決めているわけなので、判断した理由を書かせたとしても、方針に従って決定するというインセンティブにはならないのではないでしょうか。方針に従って決定したかどうかということを株主が判断できるような仕組み、または判断するために情報が出てこないとしようがないと思うのです。自分自身がやったことに対して「理由をつけてください」と言っても、本当にきちんとやっているかどうかの証拠には全くならないのではないのではないでしょうか。この点がまず気になりました。

　他方で、指名委員会等設置会社ではない会社において、「取締役会が判断した理由」を書かせるのであれば、先生が先ほどご指摘された取締役の監視義務との関係でいうと、取締役会は通常は個人別の報酬と内容を把握しなければ「判断した理由」を書けないようにも思えます。代表取締役に一任する、

あるいは任意の報酬委員会に一任する理由が、それらの者には専門性がある
からということであればよいのですが、それ以外の理由で委任しているとき、
たとえば、取締役会で個人別の報酬を知られたくないとか、議論したくない
ということがあって委任している可能性があります。ところが、取締役会で、
かりに、具体的な報酬の額そのものは明らかにしなくてもよいとしても、こ
の人については、その業績はこのように評価されて、一定の算式に従って、
報酬が決まっているということぐらいは確認しないと、「判断した理由」は
述べられないような気がするのです。そのあたりはどのように思われますか。

尾崎報告者　1点目ですが、有価証券報告書等での開示と事業報告での開示
で基本的には重複しているし、目的もかなり重なっていると思います。おっ
しゃっていただいたとおり、事業報告に書くこと自体に意義を求めるのであ
れば、これは報告事項になり、説明義務の対象になるということに尽きるの
だと思います。

　ただ、投資家が説明を求める、質問をする、報告を受けるという場面は、
別に総会に限られていません。とりわけ有報のほうの議論の建設的な対話を
強調したときに、総会で報告してもらえる、質問できるということにどこま
での価値を見出すか。機関投資家の対話という文脈では、年1回、確実にそ
ういう機会があることを高く評価するかどうか、ちょっと判断がつきかねる
ところかなと思いました。

　2つ目の社外取締役ですが、最初のほうで、監査役や指名委員会等設置会
社における取締役の報酬について、独立性確保の観点が入っていることを述
べたのは、そうでない会社、監査役会設置会社の社外取締役について、その
ような観点がないのは何なのだろうということを言いたかったのです。時間
の関係で省略してしまいましたが、それはまさしく私も思っているところで
す。

　他方で、社外取締役はとりわけ最近、重視されていますが、一般の取締役
についても、業務執行取締役でさえ、他の業務執行取締役や代表取締役を監
視するという立場を持っているので、社外取締役だけ特に監視対象、監督対

象からの独立性を確保するというのは、取締役と監査役ほどクリアな線引きができないので、結局、難しいのではないか、問題はすごくわかるのですが、どこでどう線引きすればいいのかなと他方で思ってしまうのです。おそらく任意の報酬委員会はそういうことにいい具合に配慮する可能性のある仕組みなのだろうとは思うのですが、それを会社法でうまく取り込めるかどうか、今の段階では難しいと思います。ただ、課題としてはきっと検討すべきなのだろうと思います。

３点目ですが、以前、別の機会に指名委員会等設置会社において報酬委員会がちゃんとワークしているのをどうやって検証すればいいだろうという質問していただいた機会があったような気がします。多分そのときと同じような問題だと思います。

指名委員会等設置会社については、「報酬委員会が判断した理由」を書かせることは意味がないというのはそうなのだろうと思います。そこを検証しようと思うと、もっと具体的な報酬内容と報酬方針の開示が必要になり、結局、個別開示という最初の議論に戻ってくるのかなと思います。

指名委員会等設置会社ではなくて、取締役の報酬を「取締役会が判断する理由」については、これをちゃんと確認しようと思えば、基本的に取締役会が報酬を個別に把握する。代表取締役への再委任をやっている会社からすると、望ましくない状況と考える人もいるかもしれませんが、それが必要なのだろうと私も思います。

他方で、これは確認しろと言っているのではなくて、沿うものであると判断した理由なので、極端な話、「ちゃんとやっていると思った」というのも、それを信用してもらえるかどうかは別として、理由にはなっているのではないでしょうか。その理由がどれくらい説得力があるか、どれくらいみっともないか、みっともなくないかというのは評価の問題ですので、いい方向へ実務を促すという意味での開示としては、一応意味があり得るのかなと何となくぼんやり思っています。

ただ、あるべき姿は、取締役会で方針を決める以上、取締役会で確認でき

ないわけにはいかないだろうというのはそうなのかなと思います。そういう方向で、とりあえず今は開示なので、もうちょっと実体を伴った内容に誘導していきたい規定なのかなと私は理解しました。

藤田委員 2点ほど質問します。1点は少し大きな話で、2点目は形式的なことです。

　私の聞き間違いでなければ、今回の改正で、361条の株主総会決議が、従来のお手盛り防止的なものではない要素も含む内容の決議になって、若干性格が変わったと言われたと理解しました。もしそうだすると、どうしてそう判断されたのか伺いたいと思います。

　今回の改正では、361条1項1号、2号、それから改正前の3号である6号はそのままで、加わったのは3号から5号です。これらが加わったのは、202条の2による募集株式の発行に関する決定を免除したこととの関係で、例えば発行の枠などを決定させなければいけなくなったという純粋に技術的なものにすぎず、インセンティブ報酬の設計の内容について株主総会の関与を認めたというような趣旨は含まれていないのではないか、募集株式の発行のところで要求されていたことに対応するものがここに来ているだけではないかと思います。

　法制審でも361条の決議事項の変更は全く議論されていなかったと記憶しています。361条の1項決議事項あるいは決議対象を全く変更しないのに、決議に際して報酬の決定方針の説明をさせようとしたので、議論が錯綜してしまいましたが、「法制上の問題」というのは、説明の内容が決議の内容と対応していないということで、最終的に決定方針については株主総会での説明もなくなったということなのです。7項の決定方針も株主総会における取締役の説明義務の内容には入り得るという限りは、株主への情報提供の中に完全にお手盛り防止の目的とは違う要素が入ってきているとは思うのですが、361条1項の決議の性格自体は変わっていないのではないかと思います。

　決議対象あるいは決議の性格を変えなかったことが正しいと言っているのではなくて、立法論的にはそここそ見直すべきだったと思うのですが、今回

の立法では、それは強く拒絶されたのではないかというのが私の理解で、それは尾崎先生と違うようにも思われるのですが、この点を確認させてください。それが1点目です。

　2点目は、それに比べるとややつまらない問題ですが、報酬の決定方針に違反した報酬を決定すると無効だという立案担当者の説明について、納得がいかないというか、少なくとも疑問の余地があるという報告をされたと理解しています。しかし、その理由がよくわかりませんでした。株主総会決議で決まった枠を受けての分配についての決定方針に違反する報酬を定めたとすると、単純に取締役会決議に反する内部的な業務執行は無効だという単純なことかなと思ったからです。

　極端な話、―――このように具体的な数字まで定めることはないと思いますがあくまで議論のための仮設例として――、仮に株主総会決議を得た5億円のうち、代表取締役が4割、業務執行取締役で3割、残りの3割を非業務執行取締役で分けますという方針を定めた場合、代表取締役に3億円――つまり6割ですが――という報酬を決定をしたとすれば、これは無効となってもおかしくないと思うのですが、それは問題なのでしょうか。

　実際には、方針はもっと曖昧な書き方をするので、簡単に違反と言えない、裁量の範囲内なので問題ないという議論をされるおそれがあるのですが、それは単純に違反がない、だから無効とならないというだけであって、明白な違反があったとすれば取締役会決議に反する内部的業務執行だから無効ではないかと思ったのですが、それはおかしいのでしょうか。

　以上の2点をお願いします。

尾崎報告者　まず1点目の361条1項の総会決議の性質ということです。従来は、お手盛りの弊害を防止するために361条1項の決議をとるというふうに理解されてきました。今回の話として、決議の性格自体はおそらく変わっていないと言われれば、そうなのだろうと思います。とりわけ3号から5号について決議をとる場合、解釈論を見ると、従来の非金銭報酬について1号、2号の決議も同時にとるのと同じように、3号から5号についても1号、2

号を同時にとる可能性がある以上、これは上限を決めるという発想が残っているので、お手盛りの弊害を防止するという位置づけはなお残っていると考えることになるのだろうと思います。そこの部分については、お手盛りの弊害の防止という観点から総会決議が位置づけられているという点は、私もそうだと思っています。

ただ、報告の中でインセンティブ報酬としての側面とか、監督としての側面ということについて申し上げたのは、これは必ずしも一般的な解釈ではないですが、改正前の法律において非金銭報酬ということで新株予約権について３号決議をとるときに、３号決議で具体的にどういう内容を決議するかというと、お手盛りの弊害の防止の観点から必要な内容、それが何を指すのか私もよくわからないのですが、それを３号の具体的な内容に書くのだという主張がされていたこともあったわけです。

もしそうした主張をするのであれば、今回３号は、インセンティブ効果や希釈化を判断するために必要な情報を書いてくださいと言っているので、そこは少し違う要素も入っている。別に361条１項の決議の性質、お手盛りの弊害の防止というのが少なくともある文脈では消えたのだという話ではなくて、決議の記載事項の考慮要素として、お手盛りの弊害の防止以外のものが明確に位置づけられているというのは事実ではないか。先ほどおっしゃっていただいた言い方で言うと、それが募集株式の決定に関する事項がスライドしてきたような話に対応する事柄なのだろうと思います。

361条１項について、お手盛りの弊害の防止という観点とは違う決議の位置づけだと言うのは、もちろんそういう言い方をするのは不可能ではないとは思いますが、私はそうではなくて、とりわけ１号、２号が３号から５号についてもかかってくる可能性があるという議論をしている以上は、お手盛りの弊害の防止がなお決議の性質としては残っている。ただ、それだけではない考慮要素も入ってきているのだから、そこを押していけば少し議論が変わるのではないか。あるいは、おっしゃっていただいたとおり、立法論としては、本当にそれでいいのかという議論はなお可能なのだろうと思っておりま

す。

　２つ目の、違反したら無効だということは、非常にストレートだというのはそのとおりなので、それでいいのかなと思う部分もあります。ただ、私の中でちゃんと議論を整理して考えられていなかったのは、無効だという議論をあまり強く押すと、決定される方針の内容を曖昧な方向に誘導しかねないと思ったからです。明確に違反しているときに無効だということは、その帰結自体については全く違和感はないのですが、実際問題、無効と言える場面がそんなにしょっちゅうあるのかと考えているうちに、無効という言い方をするのはどうかと思いました。単純な理屈の問題として、違反していたら無効、違反していなかったら有効で、そこの線引きで難しいケースが出てくるという整理のほうがいいのかもしれないというのは改めて思うところで、そこは自分の中できちんと整理できていない部分がありますので、改めて考え直したいと思います。

神作会長　藤田委員、追加のご発言はございますか。

藤田委員　あまり強くは言いませんが、361条1項のもともとの3号、改正後の6号は、現物——例えば不動産——を報酬として配りますというときは、具体的な内容と、誰にそれを与えるかということまで決議をすることが要求されていました。その限りでは上限を確保するだけの趣旨ではもともとなかった。流出する財産の価値の上限を決定するということをはみ出る部分は、今回の改正前から、もともとあったのです。

　今回、もともとあったような要素を越えたような何かが入ったかというと、それはないと思うのです。決議の性格としても、これによって、業績連動報酬について株主総会の関与が何らかの形で認められるようになったという評価は行き過ぎで、むしろ株主総会は業績連動報酬の中身の決定には立ち入ることはできないという改正をしてしまったのではないかとすら思われます。むしろ専ら方針の説明や方針の開示といった形で規制されていて、株主が報酬の設計の方針の決定について関与できる権利を与えるというような思想が今回の改正で入ったとは思えないのです。3号から5号についても、募集株

式の発行を無償でできるようにして、それについて総会決議、普通の募集株式の発行の手続を外したことから、技術的にここに入れた以上の意味はないような気がします。

　そういう意味では、尾崎さんとは依然、受けとめ方の温度差がかなりあるように思います。だからこそ今回の改正には徹底しないところがあると私は強く思うわけで、尾崎先生のように言うと、かえって中途半端に今回の改正をポジティブに評価してしまうことにつながるようで、あまり適切な見方ではないような気がしています。

神作会長　尾崎委員、コメントがありましたらぜひ。

尾崎報告者　特別何かというわけではないのですが、インセンティブ報酬という言葉が説明の中に出てこないよりは、出てくる状況のほうが多少議論は広げやすくなるだろうと思ったので、そのような報告になったということです。この中途半端な状態で言葉だけ入れても仕方がないという評価であれば、それはそういう評価もあり得るだろうと思います。今回の改正で今ご指摘いただいたところは、361条1項の3、4、5号の性質や位置づけということになると思いますが、今とっさにうまく整理し直すことができないので、改めて考えて直したいと思います。

加藤委員　今日のご報告はあまり細かい解釈論は取り上げないという方針だったと思うので、適切な質問ではないかもしれませんが、一点、新たに設けられた361条第7項の解釈について質問します。日本の実務では、退職慰労金を支給する際に、株主総会の一任決議が行われます。このような形で退職慰労金を支給することにも、形式的に考えると、361条第7項が適用されるように思います。同項ただし書きが適用される可能性もありますが、退職慰労金の一任決議の場合は個人別の報酬を株主総会で決めていないので、支給基準が同項の方針に該当するとして事業報告で開示しなければいけないということになりそうです。しかし、支給基準の開示については、本店に備え置くこと等で足りるということ（会社法施行規則82条2項）が維持されているように思います。施行規則は、今回の改正によって退職慰労金の一任決

41

議に関する規律は影響を受けないという前提で制度がつくられているかと思いますが、それが条文の文言に上手く現れているのかということについて何かご意見がありましたら、よろしくお願いします。

尾崎報告者 退職慰労金については全く考えていなかったので、どう位置づければいいのかはちょっと考えないといけないところですが、おっしゃっていただいた、退職慰労金については本店備え置きでいいというのは、総会決議のところの施行規則をいじっていないですし、報酬決議をとるときに参考書類で何を書かないといけないかという部分もいじっていないので、本当はもうちょっと改正しないといけないところがあったのではないかという気がします。退職金の部分をあえて残しているのか、本当にそうなのかは、よくわからないところです。

　退職金の判例自体は、昔の判例としてあるわけで、今も実務はそれを前提に動いているので、印象としては、そこを変えようという意図があるようには全然見受けられないのですが、従来の退職慰労金のやり方自体がそもそもいいのかという問題はあり得るので、7項のただし書きで読んで、ちゃんと方針を決めて、必要な範囲では開示してくださいと言うこと自体がおかしいとも思いません。むしろそれが望ましいと考える余地もあるのではないでしょうか。印象論であまりちゃんと考えられていないのですが、むしろそういう方向で読み込んでいくというのもあり得ない選択ではないのかなという印象を持ちました。

　本当はもうちょっとちゃんと考えてお答えしたほうがいいのですが、とっさに回らなくて申しわけありません。

加藤委員 今、尾崎先生がおっしゃったように解釈すると、退職金の支給基準は本店に備え置くだけでいいという会社法施行規則の定めと会社法本体の間に抵触関係が存在することになります。そのため、どう考えればいいのか私も悩んでいます。

神作会長 ほかにご質問、ご意見はございますでしょうか。

武井委員 ご報告をありがとうございました。報酬の決定方針のところが盛

り上がっていましたので、関連して少しだけ発言させていただきます。

　ようやく今日会社法施行規則の内容が確定しましたが、今日時点では実務現場はまだいろいろ混乱しています。混乱している1つの理由は、改正施行前の来年2月までに報酬の決定方針を取締役会で定めておかないと、来年3月以降、役員報酬は払えないのではないかといった話が一部で提起されたことです。これまでの役員報酬を巡る判例とかに照らして、もう委任契約で定めてある報酬を来年3月以降払えないなどと簡単に言っていいのかという違和感がそもそもあります。また、この話は今回の改正について経過措置が置かれてないことをどう解釈するのかの混乱だといえますが、本当に「二月までに報酬決定方針を改正会社法対応の内容で決めておかないと三月以降は役員報酬が払えない」という話なのだとしたら、「本件の規律は、施行前に締結された委任契約にも適用する」と施行附則で明記されている話ではないかと思います。今日ようやく会社法施行規則の内容が確定したばかりで、この話のままだと日本の多くの会社が会社法違反の事態に陥ってしまいかねません。

　既に昨年の有報の開示強化等もあって、いろいろな報酬の決定方針を定めている部分は確かにあります。それと同じ内容でよいのならすでに決議済みであるとか3月の役会で確認的に決議することもあり得るのですが、今回の施行規則には、方針を定めなければいけないという部分との調整以外に、こういうのもあったらいいのではないかということも含まれている部分があり、話がそれほど単純でない面があります。例えば今回の報酬の決定方針の施行規則98条の5のところで、2号は業績連動報酬を払っている場合と書いてあって、3号は非金銭報酬を払っている場合と書いてあるので共に「ある場合には」の話なのですが、他方でこの2つの報酬類型を決めたときには、4号で「それぞれの比率に関する方針を決めなさい」となっています。これは「1：1：1」とかそういった数の比率でなくてもいいとパブコメ回答で説明されていますが、「比率の方針は決めなさい」とされています。なお、比率の方針を決めるというのは、何を決めないといけないのかよくわからな

いというか、別に何も決めないというのも比率の方針ではないかと。何も決めないこと自体も比率の方針としてありえるように私は思うのですが、方針を決めるとなったときに、これまで昨年の有報の改正でなされてきた「方針があれば書いてください」という世界を超えて、方針を行為規範として決めなさいと読めなくもない文言も施行規則にはあるわけです。ただ、これは解釈論で、そう読まない解釈もあるのかもしれません。

あと、98条の5の8号についても、その他重要なものというキャッチオールになっていますので、厄介です。パブコメ説明によりますと「何か不祥事があったときに報酬を取り返します」とか、claw back的なものが入りますと書かれていて、それは一例としてはいいのですが、そういうものがあると8号で方針の中で役会で決めておかないといけないとなると、「2月とか3月の取締役会で取り急ぎサクッと決めれば良い」という世界からは乖離した混乱が生じてくるわけです。

さらに言うと、役員報酬について取締役会で決めるといっても、昨今は、報酬委員会とかをきちんと通していろいろな議論をしてからという流れもあります。今日ようやく会社法施行規則が固まった段階で、あと3カ月とかで全部やれといった話は、実務現場に無用な混乱をもたらします。すでに確定している報酬は関係ないとか最終的には何らかの着地点が実務的に見つかるかとは思いますが、いい着地を探しているのが現状です。

少なくとも2月とか3月に方針が決まっていないと、いかなる報酬も払うことはおよそ違法であるという話なのか、いろいろと混乱があるのかも知れません。役員との委任契約で決めている役員報酬の世界では、総会決議で後でひっくり返しても簡単には未払いにはできないとかそういういろいろな規律もあるわけです。法律が変わりました、施行されます、取締役会でまだ方針を決めていない、改正法が施行された瞬間にいかなる報酬もおよそ払えませんという話なのか、すでに確定している報酬を含め話にいろいろと誤解・混乱もあるようにも思うので、会社法施行規則の内容も固まりましたところで、どういう着地で対応するか、実務はこれから考えていくのだろうと思い

ます。

　そのような状況であるというコメントというか、ご報告です。

尾崎報告者　確かにおっしゃられるとおり、経過措置なしでこのルールが適用されると、適用の仕方次第では、大混乱になるとか、払えなくなるという問題が生じるという心配はそうなのだろうと思いました。

　他方で、おっしゃっていたとおり、一回報酬について決定すると、これは委任契約の内容になっているはずだというのは、それなりの理屈のはずです。ルールがない時代に委任契約の内容として適切に契約したものが、ルールが加わったから、決定方針に関するルールが加わるから無効だというのは、私は素直には納得できないところがあります。それについては、実際はきっとできるだけ問題のないように、スムーズに対応できる部分は対応すると思うのですが、委任契約の内容に取り込まれている、もう決定済みだという部分は、少なくとも残任期の部分についてはそれで払える部分は払うしかないし、払っていいのではないか。やや無責任ですが、そう思います。

　それから、決定方針のところを本当に全部決めないといけないのかというのは、確かにおっしゃるとおり、よくわからないところです。決めている場合には書けという話ではなくて、決めるべき事項としてリストアップされている中に入ってしまっていると、決めないといけない。ただ、会社法上、幾つか、内部統制もそうですが、決定事項は決定すること自体が重要で、その決定の中身について、ここは決定しなければいけないというわけではないというケースもあり得ます。そう考えると、コメントでいただいたとおり、これについてはないという決定をしているのだということは論理的には十分可能ですし、それでまずくないというか、そういう決定もあり得るのかなと思いました。これも検討できていない印象論です。

神作会長　私から1つご質問させてください。

　やや技術的な細かいことかもしれませんが、少なくともコーポレートガバナンス・コードが適用される会社で、株主総会から取締役会に取締役の報酬等の決定を一任してもらったとき、さらに取締役会から任意の報酬委員会に

決定を再一任するケースがかなりふえてくると申しますか、それがむしろメインストリームになるようにも思われます。

　ご質問は、任意の報酬委員会に再一任したときは、どのような開示がなされることになるのかということです。例えば会社法施行規則121条6号の3二には、「権限が適切に行使されるようにするための措置を講じた場合にあっては、その内容」とありますが、その措置の内容が一体どのような記載になるのか。他方、指名委員会等設置会社であれば、先ほどご議論があったように、同条6号ハの適用があると思いますが、任意の報酬委員会に再一任した場合にはどのような開示がなされることになるのかについて、お考えをご教示いただければと思います。

尾崎報告者　任意の報酬委員会の設置自体は、その報酬委員会がどれくらいワークしているかはきっとケース・バイ・ケースではあるのでしょうが、よいプラクティスだとされているわけですから、それが否定されるのは単純に言っておかしいです。それはきちんとやっていればできるし、それに対応した開示をすればいいということになると思うのです。

　おっしゃっていただいたうちの1つ、「権限が適切に行使されるようにするための措置を講じた場合にあっては、その内容」については、そもそも権限が適切に行使されるというのは、行使してくれそうな人を選んでいるかどうかということがありますが、これは取締役会で選んでいるわけですし、報酬の決め方は会社によって違うでしょうが、インセンティブ報酬をやるのであれば、きっと何らかの専門家のサポートが必要で、そういうものに必要な予算、あるいは検討に必要な時間をちゃんと与えている会社であれば、そういうことが「適切に行使されるようにするための措置を講じた場合にあっては、その内容」に該当するのかなと思います。

　あと、方針に従っていることを取締役会が判断した理由ですが、ここで言う方針も多分幾つかのレベルがあり得るのではないかと思っています。取締役会で厳格に細かく方針を決めてしまうと、何のために任意の報酬委員会を立てるのだという話になるので、取締役会の方針というのは、一応法律の要

件をクリアしている形で、なお報酬委員会に委ねる部分はあり得るはずです。

　そうだとすると、委ねた部分について報告を受けるということになれば、ちゃんと方針に沿っているということが確保できるでしょうし、もし報告を受けていなくても、それを信頼できるような何らかの事情があれば、それが「判断した理由」となるのではないでしょうか。ちゃんとした人を選んで、ちゃんとした手続をやっているということ、詳細は報告を受けていなくても、説明を受けたということであれば、それを「判断した理由」として書く。もちろんそれに納得するかどうかはまた別の問題ですが、一応それで説明や決定内容、方針の決定というのは十分可能ですし、それを否定する理由はないのかなと思っています。

神作会長　ほかにいかがでしょうか。

松尾（直）委員　非常にタイムリーな説明をいただきまして、尾崎先生、ありがとうございます。

　先ほどの弥永先生のご指摘に関連して、私は上場会社の社外取締役を一回しかやったことがないのですが、その会社では、取締役会で各取締役の報酬額を開示し、報告を受けて了解をしておりました。会社法の規律ではなくて、恐らくコーポレートガバナンス・コードの補充原則４－２①、そこに個別の取締役についてとは書いていませんが、取締役会は具体的な報酬額を決定すべきであると書いてあるのを踏まえた先進的な真面目な取り組みだろうと思います。

　弥永先生の先ほどのお話で、勘違いかもしれませんが、多くの会社では、引き続き取締役会で代表取締役に各取締役への具体額の分配を一任して、取締役会では個別の取締役の報酬額についてはわからない、そういう状況があることがわかりました。結局、代表取締役に一任するのは、社外取締役が一任に賛成してしまうからです。人事権と報酬配分権は会社の最高権力者の実権の源泉でありますので、会社の経営者はそれを失いたくない。できるだけ一任してほしい。その気持ちはわからないでもありません。しかし、それに賛成する社外取締役は、社外取締役の候補者を株主総会に提案する役割を持

47

つのは代表取締役ですから、一任に反対すると再任はないだろう、そういう弱さがあるのだろうと思っています。これは感想です。尾崎先生、あるいは弥永先生から何かコメントがあればお願いします。

　尾崎先生へのご質問です。私は会社法に詳しくありませんが、今回、先生が最後に述べられた金商法サイドと会社法サイドの関係で、金商法サイドが先行して、コーポレートガバナンス・コードや開示府令が先行して、会社法サイドで受けとめた。会社の組織運営の具体的な規律づけを行うのは会社法ですので、限界はあるにしても、会社法で一定の整備が行われたのはいいことだと思うのですが、この議論の過程で、会社法サイド、具体的には法制審では、金商法との関係について、先ほど若干ご紹介いだきましたが、改めて何か議論的なものはあったのでしょうか。これが１点目です。

　もう１点目は、先ほどの私の感想と関係するのですが、先ほど来、議論があるお手盛り防止は、お手盛り防止というよりは、会社の実権を握っている一部の代表取締役、実権者の専横の防止の観点から非常に重要だと個人的に思っています。オーナー企業ならまだいいのですが、失礼な言い方ですけれども、特にサラリーマン上がりの社長さんが勘違いして、実権を私物化するようなことがあってはならないと思っています。しかし、日本の多くの人たちは官僚も含め弱いから、なかなか逆らえない。制度としてそれをいかに防ぐかという法的な規律づけが大事であって、尾崎先生もおっしゃってはいたのですが、こういう規律づけがあったほうがいいということがあれば、改めてご教示いただければと思います。

神作会長　コメントとご質問を２ついただいたと思います。尾崎先生、お願いいたします。

尾崎報告者　取締役会が一任したかどうかは別として、取締役会で取締役らの個人別の報酬を確認したり開示するのは、先進的なのだろうと思います。ただ、そういう会社もあるのは時々伺うので、それがどの程度先進的というか、どの程度一般的か、実態をよく知らないので何も言えませんが、私自身は、先ほど申し上げたとおり、少なくとも代表取締役や社長は個別開示で出

したらいいという立場であり、取締役会に出せないというのは、それ自体が
おかしなことだと思っています。おかしなことだけれども、それで世の中が
動いている部分があるので、どこまでどう言っていいのか、よくわからない
ということがあります。

　全員を見せるかどうかは別として、少なくとも一部は個別開示すべきだと
私は思っているので、取締役会に出せないということ自体、あるいは取締役
会が見ないということ自体が本当はおかしなことだと思っています。

　金商法サイドの開示に関する会社法での受けとめについては、正確に議論
を記憶していないというか、議事録の議論の内容を把握していないのですが、
開示府令において報酬関係の開示が進んでいるというのは、私の印象では所
与の状況とされていると思います。それを会社法で受けとめるための理論武
装が必要だということではなくて、むしろ開示府令で出ているような話に関
しては、もう開示されているし、それは投資家のニーズもあることだから事
業報告に書くべき事柄に当たる、そういうニュアンスなのではないかと思い
ながら、私は議論を見ていました。読解が間違っているかもしれませんし、
議論を見落としているかもしれませんが、そのような印象を持っています。

　最後におっしゃっていた、経営者あるいは経営トップの独断専横を防止す
るという点ですが、上限について総会決議をとることが、お手盛りの弊害防
止としてそんなに効いているかというと、もちろん無限に報酬額をふやすこ
とができませんので、それなりにワークはしているのかもしれませんが、そ
うはいっても、その枠を余らせている会社もあるぐらいですから、そこの部
分は機能としてそんなに高くないと思います。

　金額が高騰化するのがおかしいのであれば、少なくとも個別開示は、会社
法の直接の仕組みではありませんし、評判あるいは見てくれの問題かもしれ
ませんが、金額の高騰化についてもそれなりの効果はあり得るのだろうと思
います。ちゃんと監督が機能する会社であることが一番望ましいのですが、
「総会決議で、はるか昔に上限をとったからオーケー」よりはましな仕組み
は幾つか構想できるのではないか。雑駁ですが、そのように思っています。

宮下委員 あまり本質的ではないところの話で大変恐縮ですが、先ほどちょっと話が出た、報酬等の決定方針を決議していなかったり、決定方針に反する報酬を決定した場合の話です。

　細かく分けて考えていくと、そもそも決定方針が決議されていない場合と、決定方針は決議されているけれども、それに違反した場合とで、ちょっと状況が違うのではないかと思いました。それから、個別報酬について、その決定が代表取締役に委任されている状況で代表取締役が決定したのか、あるいは、実務としてはあまりないかもしれませんが、取締役会で決議して決定したのか、この両者でまたちょっと状況が違うのではないかと思いました。

　一番わかりやすい例として、決定方針を決議していたけれども、それに違反するような内容で代表取締役が個別報酬を決定してしまったときは、藤田先生がおっしゃったとおり、取締役会決議に反する業務執行なので、無効であることにあまり議論の余地はないように感じました。

　反対に、決定方針を決議していない状態で個別報酬を支払った場合に、それが当然に無効になるかというと、それはまた別の話ではないかと思います。特に、もともと決定方針を決議していなかったときに取締役会で個別報酬を決議して支払った場合、ちょっと強引な見方かもしれませんが、ある意味では、取締役会で決定方針も含めて決議しているという捉え方もできるかもしれませんので、そのような状況で支払いが無効になるかというと、そうではないのかもしれないと思いました。

　それに関連して、先ほど武井先生のご発言の中に出てきた、仮に決定方針を決めていなかった場合に、来年3月以降、支払いができないのかどうかということに関して申し上げると、決定方針を決議していない状態で、新たに個別報酬の決定をすることについては、違法・無効ではないかということに、先ほど申し上げたような議論があるのだろうと思いますが、そうではなくて、従前から既に決まっているものに従って支払った場合に関しては、新たに方針を決議しなければならないという義務に懈怠しているということはあっても、「既に決まっているものに従って支払った」という部分が違法・無効に

なるということではないのではないかと考えています。

尾崎報告者 報告の準備の段階で何を考えていたのかなと思い出しながら、今、質問を聞いたのですが、方針に違反している場合と、方針が全くない中で決めた場合とで、事情が変わる可能性があるとご指摘いただいて、それは確かにそうなのだろうと思っています。微妙なのは、方針というのが、すごくざっくりと書いているのではなくて、方針の具体的な内容として法務省令で項目が挙がっている。そうすると、会社としては方針を決定したつもりだけれども、項目が落ちていたとか、項目が違反したというケースもあったりするわけです。ある、なしで事情が違うというのはおっしゃっていただいたとおりですが、「なし」というのも、全く何もないというシチュエーションと、あるのだけれども、ないと評価されてしまう場合とがあって、結構グラデーションがあるのではないでしょうか。

違法、無効だと言い切って全く問題ないシチュエーションは想定できるのですが、それが全てかどうかというのはやはり躊躇がある。それは事実認定、事実評価の問題にすぎない部分かもしれないし、そうではなくて、違法、無効という場面をもうちょっとちゃんと整理したほうがいいという話かもしれません。今おっしゃっていただいたことを踏まえて、私が報告で申し上げたことは雑に過ぎる話だったなと思います。

取締役会で何もない状態から決めて、報酬の決定と同時に方針の決定もしたというのは、論理的にはあり得るかもしれませんが、この会社法の規定が想定している場面とは相当異なっていると思います。指名委員会等設置会社で個人別の報酬を報酬委員会で決めたけれども、それは方針も込みで決めたのだとは、普通は言えないと思います。そういう余地が論理的にはあり得るとしても、それは認めてはいけないことではないかと思いました。

3月の方針の決定の前にどうするか問題の話ですが、武井先生とのやりとりの中でも申し上げたとおり、既に決定しているものについては違法ではない。その決定は契約内容になっているはずだと思いますので、それは多くの場合、払って問題ない。おっしゃっていただいたように、改めて契約に取り

込み直すとか、契約を変更するということがあれば、それはちゃんと法定の
ルールを守ってください、施行規則に従って決めた上でやってくださいとい
うことになるのではないでしょうか。お話を伺って、決定のタイミングとい
う形で整理する部分と、契約内容になっているかどうかという形で整理する
部分とが出てくるのではないかと思いました。

神作会長　まだご議論があろうかと思いますが、予定の時間を過ぎており
ますので、本日の研究会の質疑をこれにて終了させていただきます。尾﨑先生、
大変貴重なご報告をどうもありがとうございました。

　次回の研究会につきましては、新型コロナウイルス感染症の今後の状況な
ども見据えていく必要があること、また今回初めてハイブリッド型で研究会
を開催いたしましたので、今回の運営方法について改めて検証した上で、今
後の日程等を決めてまいりたいと存じます。日時や開催方法等が決まりまし
たら、改めて事務局よりご連絡申し上げます。

　それでは、本日の研究会はこれで閉会とさせていただきます。お忙しいと
ころ、誠にありがとうございました。

金融商品取引法研究会（2020 年 11 月 27 日）

取締役の報酬に関する会社法の見直し

尾崎悠一（東京都立大）

はじめに

令和元年の会社法改正

① 報酬等の決定方針に関する規律

② 金銭でない報酬等（エクイティ報酬）に係る規律の見直し

③ 情報開示の充実

1. 改正前の状況

（1） 会社法上の規律

● 会社法 361 条 1 項

定款の定め又は株主総会決議による決定：お手盛りの弊害の防止

いわゆる総額枠方式（最判昭和 60 年 3 月 26 日判時 1159 号 150 頁）

事業報告における開示（会社法施行規則 121 条 3 号・4 号）

● 他の規律

➤ 監査役報酬（会社法 387 条）

監査役の独立性確保

➤ 指名委員会等設置会社

報酬委員会による決定（404 条 3 項、409 条）

執行役の報酬の決定を取締役会による執行役の監督手段として位置づけ

取締役の独立性の確保

➤ 監査等委員会設置会社

監査等委員である取締役の報酬（361 条 2 項 3 項）

監査等委員である取締役以外の取締役の報酬等についての意見（399 条の 2 第 3 項 3 号、361 条 6 項）

業務執行者の報酬額の決定が業務執行者の監督手段であるとの理解が前提

1

（2）　会社法以外の規律等

- 金商法による開示規制

  有価証券報告書等における開示

  「コーポレートガバナンスの状況」の内容

  平成 22 年開示府令改正

  提出会社の役員の報酬等の額または算定方法の決定に関する方針、役員の区分ごとの報酬総額、報酬種類別の総額、対象となる役員の員数の開示に加えて、連結報酬総額が 1 億円以上の者について個別開示を義務付け

  目的

  「役員報酬についてのより具体的な情報は、会社または個々の役員に対するインセンティブとして適切か、会社のガバナンスがゆがんでいないか等の観点から、会社のガバナンスを評価し、投資判断を行う上で重要な情報である」

  平成 31 年開示府令改正

  報酬に関する開示の強化

  役員報酬の方針・体系（役員報酬の決定・支給の方法やこれに関する考え方の記載、業績連動報酬と業績連動報酬以外の報酬等の支給割合の決定方針の内容、業績連動報酬の指標、当該指標を選択した理由、当該業績連動報酬の額の決定方法、役職ごとの支給額についての考え方を定めている場合にはその内容の記載）、株主総会決議の年月日・内容

  役員の区分ごとの報酬等の総額、報酬等の種類別の総額、対象となる役員の員数（連結報酬等の総額が 1 億円以上である者については個別開示）、業績連動報酬に係る指標の目標及び実績

  報酬の決定プロセス（役員報酬の額またはその算定方法の決定に関する方針の決定権者、その権限の内容や裁量の範囲、任意の報酬委員会等がある場合にはその手続きの概要、役員報酬の額の決定過程における取締役会・報酬委員会の具体的活動内容）

  目的

  「報酬体系が企業価値の向上に向けた経営陣の適切なインセンティブとして十分機能しているか否かは、企業の中長期的な成長期待を判断する要素の 1 つとして、投資判断や対話において重視」

2

- コーポレート・ガバナンスコード

  【原則３－１．情報開示の充実】

  （ⅲ）取締役会が経営陣幹部・取締役の報酬を決定するに当たっての方針と手続

  【原則４－２．取締役会の役割・責務（2）】

  経営陣の報酬については、中長期的な会社の業績や潜在的リスクを反映させ、健全な企業家精神の発揮に資するようなインセンティブ付けを行うべきである。

  補充原則

  　４－２①取締役会は、経営陣の報酬が持続的な成長に向けた健全なインセンティブとして機能するよう、客観性・透明性ある手続きに従い、報酬制度を設計し、具体的な報酬額を決定すべきである。その際、中長期的な業績と連動する報酬の割合や、現金報酬と自社株報酬との割合を適切に設定すべきである。

  　４－10①上場会社が監査役会設置会社または監査等委員会設置会社であって、独立社外取締役が取締役会の過半数に達していない場合には、経営陣幹部・取締役の指名・報酬などに係る取締役会の機能の独立性・客観性と説明責任を強化するため、取締役会の下に独立社外取締役を主要な構成員とする任意の指名委員会・報酬委員会など、独立した諮問委員会を設置することにより、指名・報酬などの特に重要な事項に関する検討に当たり独立社外取締役の適切な関与・助言を得るべきである。

- 経産省

  「コーポレート・ガバナンスの実践　〜企業価値向上に向けたインセンティブと改革〜」(2015 年 7 月 24 日)

  「コーポレート・ガバナンス・システムに関する実務指針」(2017 年 3 月 31 日、2018 年 9 月 28 日改定)

  「「攻めの経営」を促す役員報酬－企業の持続的成長のためのインセンティブプラン導入の手引－」(2016 年 6 月 3 日、2020 年 9 月 30 日最終改訂)

(3)　役員報酬に関する法制度上の課題

- お手盛りの弊害の防止

  典型的には報酬「額」への注目

  「お手盛りの弊害の防止」の観点からも不十分な規律である可能性

3

- インセンティブ付与手段・監督手段

  報酬「体系」ないし報酬「政策」およびそれを踏まえた「報酬パッケージ」が特に重要

  具体的な報酬の決定は極めて技術的・専門的

  株主の関与あるいは株主の意思の反映のあり方

2. 令和元年改正

（1） 部会における検討

視点

① お手盛りを防止するという趣旨からしても見直しを検討すべき点があるのではないか

② 取締役の報酬等を取締役に対し適切に職務を執行するインセンティブを付与するための手段として考え、そのような手段として適切に機能するよう規律を見直すことを検討すべきではないか

③ 新たな内容の取締役の報酬等が見られるようになってきていることを踏まえて規律を整備する必要があるのではないか

（2） 報酬等の決定方針

- 報酬等の決定方針に関する提案

  現行法：指名委員会等設置会社に関する 409 条 1 項

  「執行役等の個人別の報酬等の内容にかかる決定に関する方針」

  合理的な報酬システムを確立し報酬の決定が公正なものとなることを確保

  →指名委員会等設置会社に限定された議論ではない（開示について施行規則 121 条 6 号）

  会社法研究会報告書

  「各取締役の報酬の内容に係る決定に関する方針を株主が判断することができるように取締役の報酬に係る株主総会の決議に関する規律を見直すことが考えられるのではないか」

  検討事項

  361 条 1 項の決議に際し、方針の内容の概要及び議案が方針に沿うものである取締役会が判断した理由について株主総会での説明義務（＋方針の決定義務）、事業

4

　　報告における方針の開示
　　〜決定方針と実際の報酬議案との関係性について株主総会で説明することに意義

　　要綱案
　　　一定の会社における報酬の決定方針等の決定義務＋事業報告による開示
　　　361 条 4 項の説明義務の拡大

● 　「報酬等の決定方針等」の内容
　　指名委員会等設置会社
　　　個人別の報酬の決定に至る全てのプロセスは報酬委員会

　　指名委員会等設置会社ではない取締役会設置会社
　　　報酬決定プロセスの「途中」に株主総会決議が入る
　　　株主総会に提出する議案を作成する段階でも、株主総会決議を踏まえて個人別の報酬を決定する段階でも構想や方針
　　　361 条 7 項は「〔定款又は株主総会の決議による同項各号に掲げる事項についての〕定めに基づく取締役の個人別の報酬等の内容についての決定に関する方針」
　　　　法務省令で定める事項（施行規則 98 条の 5）
　　　　① 取締役の個人別の報酬等の額またはその算定方法の決定に関する方法
　　　　② 業績連動報酬等に係る業績指標の内容及び当該業績連動報酬等の額又は数の算定方法の決定に関する方針
　　　　③ 取締役の個人別の報酬等のうち、非金銭報酬等の内容及び非金銭報酬等の額もしくは数又はその算定方法の決定に関する方針
　　　　④ ④①の報酬等の額、業績連動報酬等の額又は非金銭報酬等の額の取締役の個人別の報酬等の額に対する割合の決定に関する方針
　　　　⑤ 取締役に対し報酬等を与える時期又は条件の決定に関する方針
　　　　⑥ 取締役の個人別の報酬等の内容についての決定の全部または一部を取締役その他の第三者に委任することとするときは委任に関する事項
　　　　　（委任を受ける者の氏名又は会社における地位若しくは担当、委任する権限の内容、権限が適切に行使されるようにするための措置を講ずることとするときは、その内容）
　　　　⑦ 取締役の個人別の報酬等の内容についての決定の方法
　　　　⑧ 取締役の個人別の報酬等の内容についての決定に関する重要な事項

5

前者に相当する部分は 4 項の説明義務

事業報告における「報酬等の決定方針」の開示（施行規則 121 条 6 号・6 号の 2）
　　6 号：361 条 7 項の方針・409 条 1 項の方針についての事業報告記載事項
　　6 号の 2：各会社役員の報酬等の額またはその算定方法にかかる決定に関する
　　方針（前号の方針を除く）についての事業報告への記載

- 報酬等の決定方針に関する規律の機能
  - 決定義務の懈怠、決定方針に反する報酬決定
    報酬等の決定は違法・無効という解釈（立案担当者）
    手続規制の重要性、取引の安全の観点

    派生紛争のおそれ、方針の抽象化・形骸化のおそれ

  - 個人別の報酬の決定に関する取締役の責任
    取締役の個人別の報酬の決定について司法審査の可能性（東京高判平成 30 年 4
    月 12 日金商 1556 号 47 頁〔取締役会から再一任された代表取締役による報酬の決定〕）
    　株主の合理的意思：4 項の説明義務との関係
    　代表取締役の裁量：取締役会決定による制約
    　他の取締役の監視義務

  - 資本市場の規律
    取締役の報酬等の内容に係る決定手続等に関する透明性を向上
    開示のあり方との関係

（3）　エクイティ報酬に関する規律の見直し

- 株主総会決議事項の明確化
  改正前 361 条 1 項 3 号「具体的な内容」の記載内容が必ずしも明確ではない／構
  成によっては 3 号の決議は必要がないのではないか
  →決議事項についての整理（改正後 3～5 号）
  　当該エクイティ報酬が取締役に対するインセンティブとしてどのように機能す
  るか、既存株主の持株比率の希釈化がどの程度生ずる可能性があるかなどを株
  主において確認させる

  法務省令で定める事項（施行規則 98 条の 2～98 条の 4）

6

● 株式の無償交付等
　相殺構成、現物出資構成等によることなくエクイティ報酬の発行が可能
　報酬の性質の明確化

● 株主総会決議のあり方
　報酬パッケージを構成する一部だけを取り上げて決議の対象とすることの合理性
　実際には開示・説明により対応？
　3～5 号の決議を行う場合も 1・2 号を要求することの意義

　希釈化の程度・可能性について株主に確認させることの意味

　決議事項としての望ましさ
　　技術的・専門的な事項、具体的な報酬の設計の柔軟性

（4）　開示の充実

● 開示の充実の要請
　役員報酬の開示は諸外国に比べて非常に情報量が少ないとの指摘
　他方で、有価証券報告書等による開示の充実（平成 22 年改正、平成 31 年改正）、コーポレートガバナンス・コードによる要請

　事業報告による開示の充実（施行規則 121 条、122 条、123 条）
　① 報酬等の決定方針に関する事項
　② 取締役等についての株主総会の決議に関する事項
　③ 取締役会の決議による報酬等の決定の委任に関する事項
　④ 業績連動報酬等に関する事項
　⑤ 職務執行の対価として株式会社が交付した株式又は新株予約権等に関する事項
　⑥ 報酬等の種類ごとの総額

● 開示事項
　「開示の目的に照らして必要十分な情報」

7

事業報告における報酬の開示の目的（従来）

　実際に支払われた具体的な金額を開示させ、その職務執行の対価として適当であるかどうかを検討する機会を株主に与える

　責任の一部免除における責任限度額（425～427 条）との関係で株主などの利害関係者にとっては、取締役等の報酬等の額は重要な情報

「ディスクロージャーワーキング・グループ報告 －資本市場における好循環の実現に向けて－」（平成 30 年 6 月）

　経営陣の報酬内容・報酬体系と経営戦略や中長期的な企業価値向上の結び付きの検証

　実際の報酬が報酬プログラムに沿ったものになっているか、経営陣のインセンティブとして実際に機能しているかの確認

　報酬プロセスの客観性・透明性のチェックやその実効性の確認

事業報告における報酬の開示の目的（法制審議会会社法制部会）

　特に報酬体系が取締役に対して適切なインセンティブを付与する設計になっているかどうか、その仕組みが十分に説明されるべき（投資家サイド）

有価証券報告書等における開示との重複

　経営陣の報酬内容・報酬体系と経営戦略や中長期的な企業価値向上の結び付きの検証

　実際の報酬が報酬プログラムに沿ったものになっているか、経営陣のインセンティブとして実際に機能しているかの確認

　→これらの検証・確認は個別開示なしに可能か？

　　「まずは、役員報酬プログラムの内容の開示の充実」

3. おわりに

● 報酬規制の目的

　　インセンティブ報酬の導入の拡大

- 会社法と他のルールの役割分担
  開示を求めるルールは会社法以外にもありうる

  会社法による規律として株主総会の関与の意義
  　人事（取締役選解任）とは別に報酬について 361 条の決議を求めることの意義

- 指名委員会等設置会社における規律

資　料

【配布資料】

【資料１－１】会社法施行規則（平成十八年法務省令第十二号）新旧対照表（第一条関係）

【資料１－２】会社法の改正に伴う法務省関係政令及び会社法施行規則等の改正に関する
　　　　　　　意見募集の結果について

【資料２－１】企業内容等の開示に関する内閣府令の一部を改正する内閣府令

【資料２－２】金融審議会　ディスクロージャーワーキング・グループ報告

○　会社法施行規則（平成十八年法務省令第十二号）　新旧対照表（第二条関係）

第二表

改正後	改正前
目次	目次
第一編　総則	第一編　総則
第一章　［略］	第一章　［同上］
第二章　子会社等及び親会社等（第三条―第四条の三）	第二章　子会社等及び親会社等（第三条―第四条）
第二編　株式会社	第二編　株式会社
［第一章～第三章　略］	［第一章～第三章　同上］
第四章　機関	第四章　機関
［第一節・第二節　略］	［第一節・第二節　同上］
第三節　取締役（第九十八条―第九十八条の	第三節　取締役（第九十八条）

改正後	改正前
	参考書類に記載すべき事項
二　［略］	三　［同上］
三　［略］	四　［同上］
四　［略］	五　［同上］
［2・3　略］	［2・3　同上］
（業務の適正を確保するための体制）	［見出しを加える。］
第九十八条　［略］	第九十八条　［同上］
［2～4　略］	［2～4　同上］
（取締役の報酬等のうち株式会社の募集株式について定めるべき事項）	
第九十八条の二　法第三百六十一条第一項第三号に規定する法務省令で定める事項は、同号の募集株式に係る次に掲げる事項とする。	［条を加える。］

一　一定の事由が生ずるまで当該募集株式を他人に譲り渡さないことを取締役に約させることとするときは、その旨及び当該一定の事由の概要

二　一定の事由が生じたことを条件として当該募集株式を当該株式会社に無償で譲り渡すことを取締役に約させることとするときは、その旨及び当該一定の事由の概要

三　前二号に掲げる事項のほか、取締役に対して当該募集株式を割り当てる条件を定めるときは、その条件の概要

（取締役の報酬等のうち株式会社の募集新株予約権について定めるべき事項）

第九十八条の三　法第三百六十一条第一項第四号に

［条を加える。］

規定する法務省令で定める事項は、同号の募集新株予約権に係る次に掲げる事項とする。

一　法第二百三十六条第一項第一号から第四号までに掲げる事項

二　一定の資格を有する者が当該募集新株予約権を行使することができることとするときは、その旨及び当該一定の資格の内容の概要

三　前二号に掲げる事項のほか、当該募集新株予約権の行使の条件を定めるときは、その条件の概要

四　法第二百三十六条第一項第六号に掲げる事項

五　法第二百三十六条第一項第七号に掲げる事項の内容の概要

六　取締役に対して当該募集新株予約権を割り当て
　　る条件を定めるときは、その条件の概要

七　取締役の報酬等のうち株式等と引換えにする払
　　込みに充てるための金銭について定めるべき事項

第九十八条の四　法第三百六十一条第一項第五号イ
　　に規定する法務省令で定める事項は、同号イの募
　　集株式に係る次に掲げる事項とする。

一　一定の事由が生ずるまで当該募集株式を他人
　　に譲り渡さないことを取締役に約させることと
　　するときは、その旨及び当該一定の事由の概要

二　一定の事由が生じたことを条件として当該募
　　集株式を当該株式会社に無償で譲り渡すことを

取締役に約させることとするときは、その旨及
び当該一定の事由の概要

三　前二号に掲げる事項のほか、取締役に対して
　　当該募集株式と引換えにする払込みに充てるた
　　めの金銭を交付する条件又は取締役に対して当
　　該募集株式を割り当てる条件を定めるときは、
　　その条件の概要

2　法第三百六十一条第一項第五号ロに規定する法
　　務省令で定める事項は、同号ロの募集新株予約権
　　に係る次に掲げる事項とする。

一　法第二百三十六条第一項第一号から第四号ま
　　でに掲げる事項

二　一定の資格を有する者が当該募集新株予約権

を行使することができることとするときは、その旨及び当該一定の資格の内容の概要

三　前号に掲げる事項のほか、当該募集新株予約権の行使の条件を定めるときは、その条件の概要

四　法第二百三十六条第一項第六号に掲げる事項

五　法第二百三十六条第一項第七号に掲げる事項の内容の概要

六　取締役に対して当該募集新株予約権と引換えにする払込みに充てるための金銭を交付する条件又は取締役に対して当該募集新株予約権を割り当てる条件を定めるときは、その条件の概要

（取締役の個人別の報酬等の内容についての決定に関する方針）

第九十八条の五　法第三百六十一条第七項に規定する法務省令で定める事項は、次に掲げる事項とする。

［条を加える。］

一　取締役（監査等委員である取締役を除く。以下この条において同じ。）の個人別の報酬等（次号に規定する業績連動報酬等及び第三号に規定する非金銭報酬等のいずれでもないものに限る。）の額又はその算定方法の決定に関する方針

二　取締役の個人別の報酬等のうち、利益の状況を示す指標、株式の市場価格の状況を示す指標その他の当該株式会社又はその関係会社（会社

計算規則第二条第三項第二十五号に規定する関係会社をいう。）の業績を示す指標（以下この号及び第百二十一条第五号のニにおいて「業績指標」という。）を基礎としてその額又は数が算定される報酬等（以下この条並びに第百二十一条第四号及び第五号のニにおいて「業績連動報酬等」という。）がある場合には、当該業績連動報酬等に係る業績指標の内容及び当該業績連動報酬等の額又は数の算定方法の決定に関する方針

三　取締役の個人別の報酬等のうち、金銭でないもの（募集株式又は募集新株予約権と引換えにする払込みに充てるための金銭を取締役の報酬

等とする場合における当該募集株式又は募集新株予約権を含む。以下この条並びに第百二十一条第四号及び第五号のニにおいて「非金銭報酬等」という。）がある場合には、当該非金銭報酬等の内容及び当該非金銭報酬等の額若しくは数又はその算定方法の決定に関する方針

四　第一号の報酬等の額、業績連動報酬等の額又は非金銭報酬等の額の取締役の個人別の報酬等の額に対する割合の決定に関する方針

五　取締役に対し報酬等を与える時期又は条件の決定に関する方針

六　取締役の個人別の報酬等の内容についての決定の全部又は一部を取締役その他の第三者に委

任することとするときは、次に掲げる事項

イ　当該委任を受ける者の氏名又は当該株式会

社における地位若しくは担当

ロ　イの者に委任する権限の内容

ハ　イの者によりロの権限が適切に行使される

ようにするための措置を講ずることとすると

きは、その内容

七　取締役の個人別の報酬等の内容についての決

定の方法（前号に掲げる事項を除く。）

八　前各号に掲げる事項のほか、取締役の個人別

の報酬等の内容についての決定に関する重要な

事項

第四節　取締役会

第四節　取締役会

省令で定めるものは、次に掲げるものとする。

[一・二　略]

三　次に掲げる事項を含む議案が株主総会に提出

される場合における当該事項

[イ～チ　略]

リ　法第七百七十四条の三第一項第三号の資本

金及び準備金の額に関する事項

ヌ　法第七百七十四条の三第一項第八号イの資

本金及び準備金の額に関する事項

四　[略]

第九節　指名委員会等及び執行役

（執行役等の報酬等のうち株式会社の募集株式に

ついて定めるべき事項）

省令で定めるものは、次に掲げるものとする。

[一・二　同上]

三　次に掲げる事項を含む議案が株主総会に提出

される場合における当該事項

[イ～チ　同上]

[号の細分を加える。]

[号の細分を加える。]

四　[同上]

第九節　指名委員会等及び執行役

第百十一条　法第四百九条第三項第三号に規定する法務省令で定める事項は、同号の募集株式に係る次に掲げる事項とする。

一　一定の事由が生ずるまで当該募集株式を他人に譲り渡さないことを執行役等に約させることとするときは、その旨及び当該一定の事由の概要

二　一定の事由が生じたことを条件として当該募集株式を当該株式会社に無償で譲り渡すことを執行役等に約させることとするときは、その旨及び当該一定の事由の概要

三　前二号に掲げる事項のほか、執行役等に対して当該募集株式を割り当てる条件を定めるときは、その条件の概要

（執行役等の報酬等のうち株式会社の募集新株予約権について定めるべき事項）

第百十一条の二　法第四百九条第三項第四号に規定する法務省令で定める事項は、同号の募集新株予約権に係る次に掲げる事項とする。

一　法第二百三十六条第一項第一号から第四号までに掲げる事項

二　一定の資格を有する者が当該募集新株予約権を行使することができることとするときは、その旨及び当該一定の資格の内容の概要

三　前二号に掲げる事項のほか、当該募集新株予約権の行使の条件を定めるときは、その条件の

［条を加える。］

概要

四　法第二百三十六条第一項第六号に掲げる事項

五　法第二百三十六条第一項第七号に掲げる事項の内容の概要

六　執行役等に対して当該募集新株予約権を割り当てる条件を定めるときは、その条件の概要

（執行役等の報酬等のうち株式等と引換えにする払込みに充てるための金銭について定めるべき事項）

第百十一条の三　法第四百九条第三項第五号イに規定する法務省令で定める事項は、同号イの募集株式に係る次に掲げる事項とする。

一　一定の事由が生ずるまで当該募集株式を他人

［条を加える。］

に譲り渡さないことを執行役等に約させることとするときは、その旨及び当該一定の事由の概要

二　一定の事由が生じたことを条件として当該募集株式を当該株式会社に無償で譲り渡すことを執行役等に約させることとするときは、その旨及び当該一定の事由の概要

三　前二号に掲げる事項のほか、執行役等に対して当該募集株式と引換えにする払込みに充てるための金銭を交付する条件又は執行役等に対して当該募集株式を割り当てる条件を定めるときは、その条件の概要

2　法第四百九条第三項第五号ロに規定する法務省

63

64

令で定める事項は、同号ロの募集新株予約権に係る次に掲げる事項とする。

一　法第二百三十六条第一項第一号から第四号までに掲げる事項

二　一定の資格を有する者が当該募集新株予約権を行使することができることとするときは、その旨及び当該一定の資格の内容の概要

三　前号に掲げる事項のほか、当該募集新株予約権の行使の条件を定めるときは、その条件の概要

四　法第二百三十六条第一項第六号に掲げる事項

五　法第二百三十六条第一項第七号に掲げる事項の内容の概要

六　執行役等に対して当該募集新株予約権と引換えにする払込みに充てるための金銭を交付する条件又は執行役等に対して当該募集新株予約権を割り当てる条件を定めるときは、その条件の概要

（指名委員会等の議事録）

第百十一条の四　[略]

[2〜4　略]

　　　　第十一節　役員等のために締結される保険契約

第百十五条の二　法第四百三十条の三第一項に規定する法務省令で定めるものは、次に掲げるものとする。

（指名委員会等の議事録）

第百十一条　[同上]

[2〜4　同上]

　　　　[一節一条を加える。]

の追及に係る請求を受けることによって当該役員等に生ずることのある損害を除く。）を保険者が填補することを目的として締結されるもの

第百十六条　次に掲げる規定に規定する法務省令で定めるべき事項（事業報告及びその附属明細書に係るものを除く。）は、会社計算規則の定めるところによる。

［一〜八　略］

九　法第四百四十五条第四項から第六項まで

［十〜十五　略］

（公開会社の特則）

第百十九条　株式会社が当該事業年度の末日において公開会社である場合には、次に掲げる事項を事

第百十六条　次に掲げる規定に規定する法務省令で定めるべき事項（事業報告及びその附属明細書に係るものを除く。）は、会社計算規則の定めるところによる。

［一〜八　同上］

九　法第四百四十五条第四項及び第五項

［十〜十五　同上］

（公開会社の特則）

第百十九条　株式会社が当該事業年度の末日において公開会社である場合には、次に掲げる事項を事

68

業報告の内容に合めなければならない。

［一・二　略］

三の二　株式会社の役員等賠償責任保険契約に関する事項

［三・四　略］

（株式会社の現況に関する事項）

第百二十条　前条第一号に規定する「株式会社の現況に関する事項」とは、次に掲げる事項（当該株式会社の事業が二以上の部門に分かれている場合にあっては、部門別に区別することが困難である場合を除き、その部門別に区別された事項）とする。

［一〜六　略］

業報告の内容に合めなければならない。

［一・二　同上］

［号を加える。］

［三・四　同上］

（株式会社の現況に関する事項）

第百二十条　前条第一号に規定する「株式会社の現況に関する事項」とは、次に掲げる事項（当該株式会社の事業が二以上の部門に分かれている場合にあっては、部門別に区別することが困難である場合を除き、その部門別に区別された事項）とする。

［一〜六　同上］

69

七　重要な親会社及び子会社の状況（当該親会社
と当該株式会社との間に当該株式会社の重要な
財務及び事業の方針に関する契約等が存在する
場合は、その内容の概要を含む。）

［八・九　略］

［2・3　略］

（株式会社の会社役員に関する事項）

第百二十一条　第百十九条第二号に規定する「株式
会社の会社役員に関する事項」とは、次に掲げる
事項とする。ただし、当該事業年度の末日におい
て監査役設置会社（公開会社であり、かつ、大
会社であるものに限る。）であって金融商品取引
法第二十四条第一項の規定によりその発行する株

七　重要な親会社及び子会社の状況

［八・九　同上］

［2・3　同上］

（株式会社の会社役員に関する事項）

第百二十一条　第百十九条第二号に規定する「株式
会社の会社役員に関する事項」とは、次に掲げる
事項とする。ただし、当該事業年度の末日におい
て指名委員会等設置会社でない株式会社にあって
は、第六号に掲げる事項を省略することができ
る。

式について有価証券報告書を内閣総理大臣に提出
しなければならないもの（監査等委員会設置会社
又は指名委員会等設置会社でない株式会社にあっ
て、第六号の二に掲げる事項を省略することが
できる。

一　会社役員（直前の定時株主総会の終結の日の
翌日以降に在任している者に限る。次号から第
三号の二まで、第八号及び第九号並びに第百二
十八条第三項において同じ。）の氏名（会計参
与にあっては、氏名又は名称）

二　［略］

三　会社役員（取締役又は監査役に限る。以下こ
の号において同じ。）と当該株式会社との間で

一　会社役員（直前の定時株主総会の終結の日の
翌日以降に在任している者に限る。次号、第三
号、第八号及び第九号並びに第百二十八条第三
項において同じ。）の氏名（会計参与にあって
は、氏名又は名称）

二　［同上］

三　会社役員（取締役又は監査役に限る。）と当
該株式会社との間で法第四百二十七条第一項の

法第四百三十条第一項の契約を締結しているときは、当該契約の内容の概要（当該契約によって当該会社役員の職務の執行の適正性が損なわれないようにするための措置を講じている場合にあっては、その内容を含む。）

三の二　会社役員（取締役、監査役又は執行役に限る。以下この号において同じ。）と当該株式会社との間で補償契約を締結しているときは、次に掲げる事項

イ　当該会社役員の氏名

ロ　当該補償契約の内容の概要（当該補償契約によって当該会社役員の職務の執行の適正性が損なわれないようにするための措置を講じ

契約を締結しているときは、当該契約の内容の概要（当該契約によって当該会社役員の職務の適正性が損なわれないようにするための措置を講じている場合にあっては、その内容を含む。）

［号を加える。］

ている場合にあっては、その内容を含む。）

三の三　当該株式会社が会社役員（取締役、監査役又は執行役に限り、当該事業年度の前事業年度の末日までに退任した者を含む。以下この号及び次号において同じ。）に対して補償契約に基づき法第四百三十条の二第一項第一号に掲げる費用を補償した場合において、当該株式会社が、当該事業年度において、当該会社役員が同号の職務の執行に関し法令の規定に違反したこと又は責任を負うことを知ったときは、その旨

［号を加える。］

三の四　当該株式会社が会社役員に対して補償契約に基づき法第四百三十条の二第一項第二号に掲げる損失を補償したときは、その旨及び補償

［号を加える。］

四　当該事業年度に係る会社役員の報酬等について、次のイからハまでに掲げる場合の区分に応じ、当該イからハまでに定める事項

イ　会社役員の全部につき取締役（監査等委員会設置会社にあっては、監査等委員である取締役又はそれ以外の取締役。イ及びハにおいて同じ。）、会計参与、監査役又は執行役ごとの報酬等の総額を掲げることとする場合　取締役、会計参与、監査役又は執行役ごとの報酬等の総額及び員数

した金額

四　当該事業年度に係る会社役員の報酬等について、次のイからハまでに掲げる場合の区分に応じ、当該イからハまでに定める事項

イ　会社役員の全部につき取締役（監査等委員会設置会社にあっては、監査等委員である取締役又はそれ以外の取締役。イ及びハにおいて同じ。）、会計参与、監査役又は執行役ごとの報酬等の総額（当該報酬等の全部又は一部が業績連動報酬等又は非金銭報酬等である場合には、業績連動報酬等の総額、非金銭報酬等の総額及びそれら以外の報酬等の総額。イ及びハにおいて同じ。）を掲げることとす

74

ロ　会社役員の全部につき当該会社役員ごとの報酬等の額を掲げることとする場合　当該会社役員ごとの報酬等の額

ハ　〔同上〕

五　〔同上〕

〔号を加える。〕

る場合　取締役、会計参与、監査役又は執行役ごとの報酬等の総額及び員数

ロ　会社役員の全部につき当該会社役員ごとの報酬等の額（当該報酬等の全部又は一部が業績連動報酬等又は非金銭報酬等である場合には、業績連動報酬等の額、非金銭報酬等の額及びそれら以外の報酬等の額。ロ及びハにおいて同じ。）を掲げることとする場合　当該会社役員ごとの報酬等の額

ハ　〔略〕

五　〔略〕

五の二　前二号の会社役員の報酬等の全部又は一部が業績連動報酬等である場合には、次に掲げ

75

る事項	
イ　当該業績連動報酬等の額又は数の算定の基礎として選定した業績指標の内容及び当該業績指標を選定した理由	
ロ　当該業績連動報酬等の額又は数の算定方法	
ハ　当該業績連動報酬等の額又は数の算定に用いたイの業績指標の数値	
五の三　第四号及び第五号の会社役員の報酬等の全部又は一部が非金銭報酬等である場合には、当該非金銭報酬等の内容	［号を加える。］
五の四　会社役員の報酬等についての定款の定め又は株主総会の決議による定めに関する次に掲げる事項	［号を加える。］

イ　当該定款の定めを設けた日又は当該株主総会の決議の日	
ロ　当該定めの内容の概要	
ハ　当該定めに係る会社役員の員数	
六　法第三百六十一条第七項の方針又は法第四百九条第一項の方針を定めているときは、次に掲げる事項	［号を加える。］
イ　当該方針の決定の方法	
ロ　当該方針の内容の概要	
ハ　当該事業年度に係る取締役（監査等委員である取締役を除き、指名委員会等設置会社にあっては、執行役等）の個人別の報酬等の内容が当該方針に沿うものであると取締役会	

（指名委員会等設置会社にあっては、報酬委員会）が判断した理由

六の二　各会社役員の報酬等の額又はその算定方法に係る決定に関する方針（前号の方針を除く。）を定めているときは、当該方針の決定の方法及びその方針の内容の概要

六　各会社役員の報酬等の額又はその算定方法に係る決定に関する方針を定めているときは、当該方針の決定の方法及びその方針の内容の概要

[号を加える。]

六の三　株式会社が当該事業年度の末日において取締役会設置会社（指名委員会等設置会社を除く。）である場合において、取締役会から委任を受けた取締役その他の第三者が当該事業年度に係る取締役（監査等委員である取締役を除く。）の個人別の報酬等の内容の全部又は一部を決定したときは、その旨及び次に掲げる事項

イ　当該委任を受けた者の氏名並びに当該内容を決定した日における当該株式会社における地位及び担当

ロ　イの者に委任された権限の内容

ハ　イの者にロの権限を委任した理由

ニ　イの者によりロの権限が適切に行使されるようにするための措置を講じた場合にあっては、その内容

[七〜十一　略]

[七〜十一　同上]

（株式会社の役員等賠償責任保険契約に関する事項）

第百二十一条の二　第百十九条第二号の二に規定する「株式会社の役員等賠償責任保険契約に関する

[条を加える。]

事項」とは、当該株式会社が保険者との間で役員等賠償責任保険契約を締結しているときにおける次に掲げる事項とする。

一　当該保険者の氏名又は名称

二　当該役員等賠償責任保険契約の被保険者の範囲

三　当該役員等賠償責任保険契約の内容の概要（被保険者が実質的に保険料を負担している場合にあっては、その負担割合）、填補の対象とされる保険事故の概要及び当該役員等賠償責任保険契約によって被保険者である役員等（当該株式会社の役員等に限る。）の職務の執行の適正性が損なわれないようにするための措置を講じて

【左欄】

いる場合にあっては、その内容を含む。）

（株式会社の株式に関する事項）

第百二十二条　第百十九条第三号に規定する「株式会社の株式に関する事項」とは、次に掲げる事項とする。

一　［略］

二　当該事業年度中に当該株式会社の会社役員（当該事業年度の末日において在任している者に限る。以下この号において同じ。）に対して当該株式会社が交付した当該株式会社の株式（職務執行の対価として交付したものに限り、当該株式会社が会社役員に対して職務執行の対価として募集株式と引換えにする払込みに充てて

【右欄】

（株式会社の株式に関する事項）

第百二十二条　第百十九条第三号に規定する「株式会社の株式に関する事項」とは、次に掲げる事項とする。

一　［同上］

［号を加える。］

るため金銭を交付した場合において、当該金
銭の払込みと引換えに当該株式会社の株式を交
付したときにおける当該株式を含む。以下この
号において同じ。）があるときは、次に掲げる
者の区分ごとの株式の数（種類株式発行会社に
あっては、株式の種類及び種類ごとの数）及び
株式を有する者の人数
　イ　当該株式会社の取締役（監査等委員である
　　取締役及び社外役員を除き、執行役を含む。
　　）
　ロ　当該株式会社の社外取締役（監査等委員で
　　ある取締役を除き、社外役員に限る。）
　ハ　当該株式会社の監査等委員である取締役

82

三　当該株式会社の取締役（執行役を含む。）
　　以外の会社役員
三　前二号に掲げるもののほか、株式会社の株式
　　に関する重要な事項
2　[同上]
（株式会社の新株予約権等に関する事項）
第百二十三条　第百十九条第四号に規定する「株式
　会社の新株予約権等に関する事項」とは、次に掲
　げる事項とする。
一　当該事業年度の末日において当該株式会社の
　　会社役員（当該事業年度の末日において在任し
　　ている者に限る。以下この条において同じ。）
　　が当該株式会社の新株予約権等（職務執行の対

83

三　前二号に掲げるもののほか、株式会社の株式
　　に関する重要な事項
2　[略]
（株式会社の新株予約権等に関する事項）
第百二十三条　第百十九条第四号に規定する「株式
　会社の新株予約権等に関する事項」とは、次に掲
　げる事項とする。
一　当該事業年度の末日において当該株式会社の
　　会社役員（当該事業年度の末日において在任し
　　ている者に限る。以下この条において同じ。）
　　が当該株式会社の新株予約権等（職務執行の対

価として当該株式会社が交付したものに限り、当該株式会社が会社役員に対して職務執行の対価として募集新株予約権と引換えにする払込みに充てるための金銭を交付した場合において、当該金銭の払込みと引換えに当該株式会社の新株予約権を交付したときにおける当該新株予約権を含む。以下この号及び次号において同じ。）を有しているときは、次に掲げる者の区分ごとの当該新株予約権等の内容の概要及び新株予約権等を有する者の人数

［イ〜三　略］

［二・三　略］

（社外役員等に関する特則）

価として当該株式会社が交付したものに限る。以下この号及び次号において同じ。）を有しているときは、次に掲げる者の区分ごとの当該新株予約権等の内容の概要及び新株予約権等を有する者の人数

［イ〜三　同上］

［二・三　同上］

（社外役員等に関する特則）

会社法の改正に伴う法務省関係政令及び会社法施行規則等の改正
に関する意見募集の結果について

第１　意見数・・・３３通

第２　意見の取りまとめの方法

　　この取りまとめにおいては，意見募集に付した改正案（以下「原案」という。）に賛成する意見，体裁についての意見，法律の解釈に関する意見，個別の事例又はスキームについての法令の当てはめに関する意見，意見募集の対象外の事項に関する意見を除く意見について取り上げている。

　　なお，以下において引用する法令の条番号は，特に断らない限り，会社法の一部を改正する法律（令和元年法律第７０号。以下「改正法」という。）若しくは会社法の一部を改正する法律の施行に伴う関係法律の整備等に関する法律（令和元年法律第７１号。以下「整備法」という。）又は会社法施行規則等の一部を改正する省令(令和２年法務省令第　　号。以下「本省令」という。）による改正後の条番号である。

第３　意見の概要及び意見に対する当省の考え方

1　会社法施行規則関係

(1)　定義規定（会社法施行規則第２条関係）

　　会社法施行規則第２条第３項第５号ロ（１）及び第７号ロ（１）の「法第３２７条の２・・・の社外取締役」は，会社法第３２７条の２の規定による選任義務に基づいて置く社外取締役をいうものと解されるが，社外取締役が複数選任された場合における追加選任された社外取締役がこれに該当するのかが不明確である。同条の規定により株式会社が選任した社外取締役については，全て社外役員として，「社外取締役・・・に選任された場合に果たすことが期待される役割の概要」（同令第７４条第４項第３号）等の開示を義務付けるべきであり，「社外役員」及び「社外取締役候補者」の定義において，その旨を明確にすべきである。

（当省の考え方）

　　会社法施行規則第２条第３項第５号ロの規定は，当該株式会社が当該会社役員を社外取締役又は社外監査役として取り扱う場合を，同項第７号ロは，当該株式会社が当該候補者を社外取締役として取り扱う予定がある場合をそれぞれ列挙するものであるところ，御指摘のような「社外取締役が複数選任された場合における追加選任された社外取締役」については，同項第５号ロ（１）又は同項第７号ロ（１）の「法第３２７条の２・・・

1

項は，当該株式会社が「知っているとき」にのみ記載しなければならないとされているところ，「知っているとき」とは，これらの規定に掲げる事項が開示事項とされていることを前提として行われる調査の結果として知っている場合を指すものと解され，そのような調査をしても知り得なかった事実を記載することを求めるものではない。

(5) 取締役等の報酬等に関する規定（会社法施行規則第９８条の２から第９８条の５まで及び第１１１条から第１１１条の３まで関係）

① 会社法施行規則第９８条の２第１号及び第９８条の４第１項第１号について，「当該一定の事由の概要」として，どの程度の内容を定款又は株主総会の決議によって定めなければならないか（同令第９８条の２第２号及び第９８条の４第２項第２号の「当該一定の事由の概要」及び同令第９８条の２第３号及び第９８条の４第１項第３号の「その条件の概要」についても同様の意見が寄せられた。）。

（当省の考え方）

会社法施行規則第９８条の２第１号及び第９８条の４第１項第１号は，取締役の報酬等として募集株式（取締役が募集株式と引換えにする払込みに充てるための金銭を報酬等として付与された場合における当該募集株式を含む。）を付与する場合において，一定の事由が生ずるまで当該募集株式を他人に譲り渡さないことを取締役に約させることとするときは，その旨及び当該事由の概要を定款又は株主総会の決議によって定めなければならないこととしているが，その趣旨は，株主が希釈化等の影響や募集株式を報酬等として付与する必要性を判断することができるようにすることにある。このことを踏まえれば，募集株式を付与することが取締役に適切なインセンティブを付与するものであるかどうかを株主が判断するために必要な事項は，定款の定め又は株主総会の決議によって定められる必要があると考えられる。他方で，当該事由の細目等の決定を取締役会に委ねることは可能であると考えられる（同令第９８条の２第２号及び第９８条の４第２項第２号の「当該一定の事由の概要」並びに同令第９８条の２第３号及び第９８条の４第１項第３号の「その条件の概要」についても同様である。）。

② 会社法施行規則第９８条の２第１号及び第２号並びに第９８条の４第１項第１号及び第２号における「事由の概要」の「概要」と指名委員会等設置会社において報酬委員会が定める「事由の概要」の「概要」（同令第１１１条から第１１１条の３まで）の内容に違いはあるか。

14

（当省の考え方）

　指名委員会等設置会社においては，報酬委員会は，執行役等の個人別の報酬等の内容を決定することとされていることから（会社法第404条第3項），会社法施行規則第111条から第111条の3までを修正し，指名委員会等設置会社において，募集株式等を執行役等の報酬等とする場合において定めるべき事項は，これらの規定に掲げる事項の概要ではなく，当該事項とすることとした。

③　会社法施行規則第98条の2第2号について，同号の「一定の事由」を株主総会の決議によって決定したとしても，実際に締結される契約の内容となっていない限り，効果を及ぼさないという理解でよいか。

　（当省の考え方）

　会社法施行規則第98条の2第2号は，募集株式を取締役の報酬等とする場合において，一定の事由が生じたことを条件として当該募集株式を当該株式会社に無償で譲り渡すことを取締役に約させることとするときは，当該一定の事由の概要を定款又は株主総会の決議によって定めることを求めているが，当該事由が生じたことを条件として当該募集株式を当該株式会社に無償で譲り渡す旨の約定は，取締役に募集株式等を割り当てる際に，当該株式会社と取締役との間の契約等において定められることによって，当該取締役に対して効力を有することとなると考えられる。

④　会社法施行規則第98条の2第1号及び第2号並びに第98条の4第1項第1号及び第2号について，一定の事由の在り方について更に慎重に検討するとともに，予見可能性と法的安定性を確保するため，一定の事由の概要のみを株主総会の決議事項とするのではなく，その内容を株主総会の決議事項とするべきである。また，同令第98条の2第3号及び第98条の4第1項第3号についても，割当ての条件の概要のみでなく，その内容を株主総会の決議事項とすることによって，予見可能性を高め，透明性の確保を図るべきである。

　（当省の考え方）

　会社法施行規則第98条の2第1号及び第2号並びに第98条の4第1項第1号及び第2号の事由について，その細目は，取締役に報酬等として募集株式を割り当てる時点の状況等を踏まえて決定することが必要となる場合もあると考えられるため，定款又は株主総会の決議においてこれらの事由の内容までを決定しなければならないこととする

15

ことは適切でない。したがって，原案は相当であると考える（同令第９８条の２第３号及び第９８条の４第１項第３号についても同様である。）。

⑤　報酬としての新株予約権は，一度の株主総会決議に基づき，複数回に分けて発行されることも多いと考えられることから，会社法施行規則第９８条の３第１号及び第９８条の４第２項第１号において，個別の発行に際しての新株予約権の内容の定めである「法第２３６条第１項第１号から第４号までに掲げる事項」をそのまま引用しているのは適当でないように思われるため，その趣旨を確認したい。

（当省の考え方）

　会社法第３６１条第１項第３号から第５号まで及び会社法施行規則第９８条の２から第９８条の４までの規定が，募集株式等を取締役の報酬等とする場合において，これらの規定に掲げる事項を定款又は株主総会の決議によって定めなければならないこととしている趣旨は，株主が希釈化等の影響や募集株式等を報酬等として付与する必要性を判断することができるようにすることにある。

　会社法第２３６条第１項第１号から第４号までに掲げる事項は，新株予約権の目的である株式の数等であり，株主が希釈化等の影響を判断する上で重要な事項であるから，当該事項を定款又は株主総会の決議によって定めなければならないこととすることが適切である。なお，会社法施行規則第９８条の３第１号又は第９８条の４第２項第１号の規定により定款又は株主総会の決議によって定めなければならないこととなる事項は，株主が希釈化等の影響や募集新株予約権を報酬等として付与する必要性を判断するために必要な事項であると考えられ，そのような観点から十分な事項が定められるのであれば，必ずしも実際に新株予約権を発行する際に同法第２３６条第１項第１号から第４号までの規定に基づいて定められる新株予約権の内容と同じ程度に具体的な内容を定めることが求められるものではないと考えられる。

⑥　原案の会社法施行規則第９８条の３第１号において，募集新株予約権を取締役の報酬等とする場合には，定款又は株主総会の決議によって「法第２３６条第１項第１号から第４号までに掲げる事項」を定めなければならないこととされており，会社法第２３６条第１項第２号に掲げる事項も定めなければならないように読めるが，同条第３項の場合においては，同条第１項第２号に掲げる事項ではなく，同条第３項各

16

号に掲げる事項を定めなければならないこととすべきである。

（当省の考え方）

　御指摘を踏まえ，会社法第２３６条第３項の場合，すなわち募集新株予約権を取締役の報酬等とする場合において，当該新株予約権の行使に際して金銭の払込み等を要しないこととする場合には，同条第１項第２号に掲げる事項ではなく，同条第３項各号に掲げる事項を定款又は株主総会の決議によって定めなければならないこととした（会社法施行規則第９８条の３第１号）。

⑦　会社法施行規則第９８条の３第２号及び第１１１条の２第２号について，新株予約権を行使することができる「一定の資格」は限定されておらず，例えば，新株予約権の付与時に当該株式会社の取締役又は執行役であった者が当該株式会社の他の役職又は他のグループ会社の役職に就任した場合であっても，新株予約権を行使することができると定めることもできるという理解でよいか。

（当省の考え方）

　会社法施行規則第９８条の３第２号は，募集新株予約権を取締役の報酬等とする場合において，当該募集新株予約権を行使することができる者が行使する際に一定の地位にあること等を求めるときは，その地位等の内容の概要を決定することを求めるものであるが，「一定の資格」に該当することとなる当該地位等の内容を限定するものではない（同令第１１１条の２第２号についても同様である。）。

⑧　会社法施行規則第９８条の２第３号，第９８条の３第６号，第９８条の４第１項第３号及び第２項第６号，第１１１条第３号，第１１１条の２第６号並びに第１１１条の３第１項第３号及び第２項第６号における「割り当てる条件」とは，割当て自体に条件を付するのではなく，割り当てるに際して株式会社と取締役又は執行役との間で，債権的な合意に基づき条件を付することであると考えられるので，そのような趣旨に沿った文言とすべきである。

（当省の考え方）

　会社法施行規則第９８条の２第３号等における「割り当てる条件」は，募集株式等の割当てを受ける取締役又は執行役に何らかの事項を約させることに限られない。したがって，原案は相当であると考える。

⑨　会社法施行規則第９８条の５について，既に取締役会において取締

17

85

役の個人別の報酬等の内容についての決定に関する方針を全て決定している場合には，同条各号に掲げる事項について特段の変更がある場合を除いて，毎年取締役会において当該方針を決定する必要はないという理解でよいか。

（当省の考え方）

改正法及び原案は，取締役の個人別の報酬等の内容についての決定に関する方針（会社法第３６１条第７項）について，当該方針や取締役の報酬等の内容に関する同条第１項各号に掲げる事項についての定款又は株主総会の決議による定めに変更がない場合にまで，一定の頻度での取締役会の決議による決定を求めるものではない。

⑩　会社法施行規則第９８条の５第１号について，「固定報酬」がない場合（「全額業績連動型」の会社等）も想定されるため，同条第２号及び第３号の規定と同様，「・・・がある場合には」と規定すべきである。

（当省の考え方）

会社法施行規則第９８条の５第１号から第３号までの規定は，現在の取締役の報酬等に関する実務において，取締役に対して同条第２号に規定する業績連動報酬等又は同条第３号に規定する非金銭報酬等のいずれでもない報酬等を付与しない場合は多くないと考えられることなどを踏まえて原案のような規定としているものであり，原案は相当であると考える。

⑪　業績連動報酬等の定義（会社法施行規則第９８条の５第２号）について，定款又は株主総会の決議を要する会社法第３６１条の規定で定義される報酬等であって，不確定金額報酬であることを明記すべきである。また，非金銭報酬等の定義（同令第９８条の５第３号）についても，定款又は株主総会の決議を要する同法第３６１条の規定で定義される報酬等であって，不確定金額報酬であることを同様に明記することが望ましい。

（当省の考え方）

取締役に報酬等を付与するためには，会社法第３６１条第１項各号に掲げる事項を定款又は株主総会の決議によって定めなければならないこととされており，会社法施行規則第９８条の５第２号及び第３号に規定する業績連動報酬等又は非金銭報酬等を付与する場合についても同様である。業績連動報酬等又は非金銭報酬等を付与する場合において，額が確定しているものとして同法第３６１条第１項第１号に掲

18

げる事項を定めなければならないこととなるか，額が確定していない
ものとして同項第2号に掲げる事項を定めなければならないこととな
るかは，当該報酬等の内容によって定まるものであり，業績連動報酬等
又は非金銭報酬等が，常に同号の額が確定していない報酬等に該当す
るわけではない。したがって，原案は相当であると考える。

⑫　会社法施行規則第98条の5第2号の「当該株式会社又はその関係
会社（会社計算規則第2条第3項第25号に規定する関係会社をいう。）
の業績を示す指標」は，いわゆる連結業績を示す指標も含むという理解
でよいか。「当該株式会社又はその関係会社の業績を示す指標」とする
のではなく，連結計算書類の定義（会社法第444条第1項）と同様，
「当該株式会社若しくはその関係会社又は当該株式会社及びその子会
社から成る企業集団の業績を示す指標」とすべきである。
　　（当省の考え方）
　　御理解のとおりである。原案によっても会社法施行規則第98条の
5第2号に規定する業績指標が連結業績を示す指標を含むことは明ら
かであることから，原案を修正する必要はないと考える。

⑬　財務指標のほか，非財務指標もその一要素としている報酬等も，会社
法施行規則第98条の5第2号の業績連動報酬等に該当するのか。
　　（当省の考え方）
　　取締役の報酬等が会社法施行規則第98条の5第2号の業績連動報
酬等に該当するかどうかは当該報酬等の内容に応じて個別に判断され
ることとなるが，非財務指標に基づいて額又は数が算定される取締役
の報酬等が業績連動報酬等に該当する場合もあると考えられる。

⑭　会社法施行規則第98条の5第2号は，業績指標の内容を定めるこ
とを求めているのか，業績指標の内容の決定に関する方針を定めるこ
とを求めているのか。同様に，同条第3号は，非金銭報酬等の内容を定
めることを求めているのか，非金銭報酬等の内容の決定に関する方針
を定めることを求めているのか。また，業績指標の詳細は，各社の戦略
に関わる営業秘密に相当すると考えられるが，同条第2号の「業績指標
の内容」は，業績指標の詳細を指す趣旨ではないという理解でよいか。
　　（当省の考え方）
　　会社法第98条の5第2号は，取締役の個人別の報酬等の内容につ
いての決定に関する方針として，業績指標の内容の決定に関する方針

19

を定めることを求めるものである。同様に，同条第3号は，非金銭報酬等の内容の決定に関する方針を定めることを求めるものである。なお，業績指標の内容の決定に関する方針として，必ずしも個別の業績指標の詳細を定めることが求められるものではない。

⑮　会社法施行規則第98条の5第3号は，会社法第361条第1項第6号に基づき定款又は株主総会の決議により定められた取締役全員の金銭でない報酬等の内容の範囲で，個人別の非金銭報酬等の内容についての決定に関する方針を定めることを求めているという理解でよいか，また，同号に基づき取締役の個人別の金銭でない報酬等を定款又は株主総会の決議によって具体的に定めた場合には，同令第98条の5第3号に掲げる事項を定める必要はないという理解でよいか。

（当省の考え方）

　会社法第361条第7項の規定により取締役の個人別の報酬等の内容についての決定に関する方針を定めなければならない株式会社においては，同条第1項第6号の規定による定款の定め又は株主総会の決議に基づいて付与される金銭でない報酬等についても，当該定款の定め又は株主総会の決議によって当該報酬等について取締役の個人別の報酬等の内容が定められていない場合には，取締役会の決議により会社法施行規則第98条の5第3号に掲げる事項を定めなければならないこととなる。なお，御理解のとおり，金銭でない報酬等について定款の定め又は株主総会の決議によって取締役の個人別の報酬等の内容が定められている場合には，同号に掲げる事項を定めることは要しない。

⑯　会社法施行規則第98条の5第3号の「金銭でないもの」には，同号括弧書きで定められている募集株式又は募集新株予約権と引換えにする払込みに充てる金銭を取締役の報酬等とする場合における当該募集株式又は当該募集新株予約権に限らず，全ての募集株式又は募集新株予約権が含まれるという理解でよいか。会社法第361条第1項第6号においては，「報酬等のうち金銭でないもの」から当該株式会社の募集株式及び募集新株予約権を除くとされていることから確認したい。

（当省の考え方）

　御理解のとおりである。会社法施行規則第98条の5第3号の非金銭報酬等には，取締役に対して募集株式又は募集新株予約権を付与する場合における当該募集株式及び募集新株予約権も含まれる。

⑰　会社法施行規則第９８条の５第２号の業績連動報酬等のうち，株式等の金銭でないものについては，同号及び第３号がいずれも適用されるという理解でよいか。

（当省の考え方）

　　御理解のとおりである。会社法施行規則第９８条の５第２号の業績連動報酬等及び同条第３号の非金銭報酬等のいずれにも該当する報酬等については，両方の規定が適用される。

⑱　会社法施行規則第９８条の５第４号の「割合の決定に関する方針」について，固定額の金銭報酬はあらかじめ金額を想定することができるが，業績連動報酬や非金銭報酬はあらかじめ金額を定めることはできないことから，５：３：２のような形で事前に割合を定められる性質のものではないと思われ，どの程度の具体的な方針を定めることが求められているのかが不明確である。同号の「割合」は，一定の枠や範囲での方針を定めることを求めているという理解でよいか。

（当省の考え方）

　　会社法施行規則第９８条の５第４号は，取締役の個人別の報酬等の額について，報酬等の種類別の割合の決定に関する方針を定めることを求めるものであり，当該方針として具体的な割合を定めるかどうかは，取締役の個人別の報酬等の内容についての決定に関する方針を定める取締役会において判断されることとなる。

⑲　会社法施行規則第９８条の５第４号について，業績連動報酬等の額又は非金銭報酬等の定めのない会社においては，「業績連動報酬等の額又は非金銭報酬等の取締役の個人別の報酬等の額に対する割合の決定に関する方針」を決定する必要はないという理解でよいか。

（当省の考え方）

　　取締役に対して会社法施行規則第９８条の５第２号の業績連動報酬等又は同条第３号の非金銭報酬等を付与しないこととする場合には，同条第１号の報酬等の額が取締役の個人別の報酬等の額の全部を占めることとなるから，同条第４号の方針としては，その旨を定めることが考えられる。

⑳　会社法施行規則第９８条の５第５号の「報酬等を与える時期又は条件の決定に関する方針」は，同条第１号から第３号までの「報酬等の額又は数の算定方法の決定に関する方針」に含まれるように思われる。同

21

条第1号から第3号までに掲げる事項の内容に含まれない「報酬等を与える時期又は条件」とは，具体的にどのようなものを想定しているのか。

（当省の考え方）

会社法施行規則第98条の5第5号の方針には，例えば，取締役の報酬等として金銭を付与する場合において，在任中に定期的に支払うか，退職慰労金等として退任後に支払うかなどの点についての方針が含まれると考えられる。他方で，例えば，株式を報酬等として交付する場合において，それをいわゆる事前交付型とするか事後交付型とするかは，非金銭報酬等の内容（同条第3号）の一部であるとも考えられる。このように，同条第5号の方針に相当する内容が同条第1号から第3号までに掲げる方針に含まれるものとして定められている場合には，同条第5号の方針として重ねて定める必要はないと考えられる。

㉑　会社法施行規則第98条の5第6号は，取締役の個人別の報酬等の内容についての決定の全部又は一部を取締役その他の第三者に委任することができる旨を規定しており，法律による委任の範囲を超えているのではないか。取締役の個人別の報酬等の内容に係る決定の再一任に関する規定が法律に設けられなかったにもかかわらず，省令レベルで規定を設けるのは拙速な対応ではないか。

また，取締役の個人別の報酬等の内容についての決定の全部又は一部を取締役その他の第三者に委任することができることとすると，取締役の個人別の報酬等の内容を明確にするという法改正の趣旨に反することになるのではないか。

（当省の考え方）

会社法施行規則第98条の5第6号は，取締役の個人別の報酬等の内容についての決定の全部又は一部を取締役その他の第三者に委任することとする場合において定めるべき事項を掲げるものであって，そのような委任をすることができることの根拠となる規定ではない。原案は，現在の実務において，取締役の個人別の報酬等の内容についての決定について再一任がされる場合があること及び再一任については取締役の報酬等の内容の決定手続を不透明なものとするものであるなどの指摘がされていたことを踏まえたものである。また，会社法第361条第7項が取締役の個人別の報酬等の内容についての決定に関する方針を定めることを求めている趣旨は，取締役の報酬等の決定手続等の透明性を向上させることにあり，取締役の個人別の報酬等の内容につ

いての決定の委任に関する事項を当該方針として定め，その概要を事業報告の記載事項とすること（同令第１２１条第６号ロ）は，その趣旨に沿うものである。したがって，原案は相当であると考える。

㉒　会社法施行規則第９８条の５第６号柱書の「取締役」には，複数の取締役を含み，「その他の第三者」には，複数の第三者を含むという理解でよいか。また，同号柱書の「その他の第三者」には，報酬諮問委員会等任意の委員会も含まれ得ると理解しているが，その理解が正しければ，「任意の委員会」を例示で挙げることも検討すべきではないか。
　（当省の考え方）
　　会社法施行規則第９８条の５第６号柱書の「取締役その他の第三者」について，その人数を限定することとはしていない。取締役の個人別の報酬等の内容についての決定の委任をすることができる範囲等については，従前から解釈に委ねられてきたところであり，原案はそれを変更するものではない。

　　任意に設置された報酬諮問委員会等に取締役の個人別の報酬等の決定の全部又は一部を委任する場合には，当該報酬諮問委員会等を構成する各取締役等に対して当該委任をするものとして，会社法施行規則第９８条の５第６号に掲げる事項を定めることとなる。このことは，原案からも明らかであり，原案を修正する必要はないと考える。

㉓　会社法施行規則第９８条の５第６号の「取締役その他の第三者に委任することとするときは」について，取締役以外の「第三者」として，どのような者が想定されているのか。また，取締役の個人別の報酬等の内容の決定を取締役のみを構成員とする任意の委員会に委任することとする場合には，法的には委員会の構成員である複数の取締役に決定を委任するにすぎないと整理して，同号イの事項として，当該複数の取締役の氏名又は地位若しくは担当を定めることになるのか。
　（当省の考え方）
　　取締役の個人別の報酬等の内容についての決定の委任をすることができる範囲等については，従前から解釈に委ねられてきたところであり，原案はそれを変更するものではない。例えば，取締役を構成員とする任意の委員会を組織し，当該委員会が取締役の個人別の報酬等の内容の全部又は一部を決定する場合には，当該委員会の構成員である各取締役が会社法施行規則第９８条の５第６号イの委任を受ける者に該当するものとして，同号に掲げる事項を定めることとなる。

㉔　会社法施行規則第９８条の５第６号について，法制審議会会社法制（企業統治等関係）部会等において明示的に議論されておらず，どのような措置が同号ハの「権限が適切に行使されるようにするための措置」に該当するかが不明である。昨今においては，コーポレートガバナンス・コード等にのっとり，社外取締役を中心とした任意の報酬委員会等を設けて代表者による報酬決定権限に一定の制約をかけるなど，ガバナンスを強化するための任意の取組も定着しつつあり，仮に，代表者への再一任がされるとしても，いかなる制度設計とするかは各社の自主的な判断に委ねれば十分であって，「権限が適切に行使されるようにするための措置」について定めることを求める必要はない。

　（当省の考え方）

　　会社法施行規則第９８条の５第６号ハは，取締役の個人別の報酬等の内容についての決定の全部又は一部を取締役その他の第三者に委任することとする場合において，委任を受けた者の権限が適切に行使されるようにするための措置を講ずることを義務付けるものではなく，そのような措置を講ずるかどうかは各社の判断に委ねている。他方で，そのような措置が講じられているか及び当該措置の内容は，取締役の報酬等の決定手続等の透明性を向上させる観点から重要な事項であることから，取締役の個人別の報酬等の内容についての決定に関する方針の内容として定めることを求めることとしたものであり，原案は相当であると考える。

㉕　会社法施行規則第９８条の５第６号について，現在の上場会社における実務においては，任意の報酬諮問委員会等を設置している例が多いと思われるが，これらの委員会に対して報酬等に係る意見を諮問するにとどまり，報酬等に関する決定権限を委任しない場合には，同号の「取締役の個人別の報酬等の内容についての決定の全部又は一部を取締役その他の第三者に委任すること」には該当しないという理解でよいか。また，同号ハについて，例えば，取締役の個人別の報酬等の内容の決定の全部又は一部の決定を代表者に委任しつつ，社外取締役を中心とした任意の報酬委員会等を設置することは，同条第１号から第３号までに掲げる方針ではなく，同条第６号ハの「権限が適切に行使されるようにするための措置」に該当するという理解でよいか。

　（当省の考え方）

　　御理解のとおりである。いわゆる任意の報酬諮問委員会等を設置す

る場合であっても，当該報酬諮問委員会等が取締役の個人別の報酬等の内容の決定をしないのであれば，会社法施行規則第９８条の５第６号に掲げる事項を定める必要はない。また，取締役の個人別の報酬等の内容についての決定の全部又は一部を代表取締役等に委任する場合において，任意の報酬諮問委員会等を設置し，委任を受けた代表取締役等が当該報酬諮問委員会等の見解を踏まえて当該決定をすることとする場合には，同号ハの「権限が適切に行使されるようにするための措置」に該当することとなると考えられる。

㉖　取締役の個人別の報酬等の内容についての決定に関する方針において，取締役の個人別の報酬等の内容についての決定の全部又は一部を特定の取締役に委任する旨を定め，その定めによって実際に委任を受ける取締役を明確に特定することができる場合には，以後，当該特定の取締役への委任について個別に取締役会の決議を経る必要はないという理解でよいか。
　（当省の考え方）
　　事案に応じて個別に判断されることとなるが，取締役会の決議によって会社法施行規則第９８条の５第６号に掲げる事項を定めた場合において，取締役の個人別の報酬等の内容についての決定の全部又は一部を取締役その他の第三者に委任すること並びに委任を受ける者及び委任する権限の内容が一義的に明確なものとされているときは，当該委任をすることについての決定も併せてされたものと考えることができる場合もあると考えられる。

㉗　会社法施行規則第９８条の５第６号ハにおいては，受任者の「権限が適切に行使されるようにするための措置・・・の内容」を取締役会の決議によって定めることが求められているが，どのようなものを想定しているのか。例えば，任意の委員会に委任する場合の委員会構成や決議プロセスの透明性の工夫，また，取締役社長に一任した場合の取締役社長による決定に対する任意の委員会による事前及び事後のチェックプロセスなどという理解でよいか。同令第１２１条第６号の３ニについても同様である。
　（当省の考え方）
　　御理解のとおり，会社法施行規則第９８条の５第６号ハの措置には，任意に設置された委員会を活用することなども含まれると考えられる（同令第１２１条第６号の３ニについても同様である。）。

㉘ 会社法施行規則第98条の5第8号の事項に該当する事項としてどのようなものを想定しているのか。

（当省の考え方）

会社法施行規則第98条の5第8号の事項に該当し得る事項としては，例えば，一定の事由が生じた場合に取締役の報酬等を返還させることとする場合におけるその事由の決定に関する方針等が考えられる。

(6) 役員等のために締結される保険契約（会社法施行規則第115条の2関係）

① いわゆるD＆O保険のみが役員等賠償責任保険契約に該当すると理解しているが，そのような理解でよいか。

（当省の考え方）

会社法施行規則第115条の2においては，いわゆるD＆O保険やそれに準ずる保険契約が役員等賠償責任保険契約に該当することとなることを想定した規律を設けることとしている。ただし，一般にD＆O保険と称される保険契約やそれに準ずる保険契約であっても，その内容は多様であり，また，今後，新たな類型の保険契約が実務で利用されるようになることも考えられるところ，それらの保険契約が役員等賠償責任保険契約に該当するか（同条各号に掲げる契約に該当しないか）は，各保険契約の内容に応じてその都度個別に判断されることとなる。

② 会社法施行規則第115条の2各号に掲げる保険契約の類型は，限定列挙であり，仮に，同条各号に定める類型にない保険契約が問題となった場合には，当該保険契約が「職務の執行の適正性が著しく損なわれるおそれ」がないとしても，会社法の規律の対象に含まれるという理解でよいか。

（当省の考え方）

御理解のとおり，会社法施行規則第115条の2各号は限定列挙である。

③ 特約のある保険や役員及び会社の両方の責任が対象となる事項に係る保険等において，どのように「主たる目的」（会社法施行規則第115条の2第1号）を判断するのか。

（当省の考え方）

主契約と特約が一体のものとして役員等賠償責任保険契約を構成す

26

る場合には，会社法施行規則第１１５条の２第１号の「主たる目的」は，主契約と特約を合わせた契約全体について判断されることとなる。また，被保険者に役員と会社の両方を含む役員等賠償責任保険契約についても，それぞれを被保険者とする部分を別の保険契約であると整理することが適切でない場合には，契約全体について「主たる目的」が判断されることとなる。その判断は，主契約か特約かなどの外形的な事情だけでなく，経済的な機能等にも着目し，個別具体的にされることとなると考えられる。

④　役員を被保険者とする自動車賠償責任保険については，役員が職務中に自ら自動車を運転して不注意により事故を起こしたような場合の損害賠償責任をも対象とする保険であったとしても，会社法第４３０条の３第１項に規定する「役員等賠償責任保険契約」には該当しないという理解でよいか。

（当省の考え方）

会社法施行規則第１１５条の２第２号に掲げるものに具体的にどのような保険契約が含まれるかについては，保険契約の内容や当該保険契約を締結する会社の状況に応じて様々であることから，御指摘のような場合においても，個別具体的な事情を踏まえ解釈されることとなる。

(7)　事業報告の内容（会社法施行規則第１２０条から第１２６条まで関係）
ア　補償契約関係
①　具体的にどのような措置が会社法施行規則第１２１条第３号の２ロの「職務の執行の適正性が損なわれないようにするための措置」に該当するのか。

（当省の考え方）

会社法施行規則第１２１条第３号の２ロの「職務の執行の適正性が損なわれないようにするための措置」としては，例えば，補償契約において，株式会社が補償する額について限度額を設けることや，株式会社が会社役員に対して責任を追及する場合には補償することができないこととすることなどが考えられる。

②　会社法施行規則第１２１条第３号の３に掲げる事項の開示に当たって，当該会社役員の氏名や法令違反等に該当する事実の概要等を開示する必要はなく，単に，「補償契約に基づき補償をした会社役員が

27

法令に違反したことを知った」旨を記載すれば足りるか。
　（当省の考え方）
　　御理解のとおり，会社法施行規則第１２１条第３号の３に掲げる事項として，費用の補償を受けた会社役員の氏名を事業報告に記載する必要はない。もっとも，当該事業年度において，当該会社役員が会社法第４３０条の２第１項第１号の職務の執行に関し「法令の規定に違反したこと」又は「責任を負うこと」のいずれを知ったのかを明らかにして記載することが相当であると考える。

③　会社法施行規則第１２１条第３号の４について，当該事業年度中に複数の会社役員に対して損失を補償した場合には，事業報告において個別の会社役員ごとに開示する必要はなく，まとめて開示することで足りるという理解でよいか。また，当該会社役員の氏名や損失の具体的な内容等を開示する必要はなく，単に，「補償契約に基づき会社役員に対して会社法第４３０条の２第１項第２号に掲げる損失を補償した」旨を記載すれば足りるか。
　（当省の考え方）
　　同一の事由に関して複数の会社役員に対して補償契約に基づき会社法第４３０条の２第１項第２号に掲げる損失を補償したときは，当該会社役員らに対して補償した旨及び補償した金額の合計額をまとめて記載すれば足りる。また，損失の補償を受けた会社役員の氏名や損失の具体的な内容等を事業報告に記載する必要はないが，会社法第４３０条の２第１項第２号イ又はロに掲げる損失のいずれを補償したかを明らかにして記載することが相当であると考える。

④　責任限定契約に関しては，実際に責任の限定がされた場合でも事業報告における開示が求められていないこととの平仄の観点から，会社法施行規則第１２１条第３号の４に掲げる事項を事業報告の記載事項に含めるべきではない。仮に，このような改正をする場合であっても，飽くまで「当該事業年度において」補償したときに限って開示対象とすべきである。
　（当省の考え方）
　　補償契約は，類型的に利益相反性が高く，役員等の職務執行の適正性に影響を与えるおそれがあることが指摘されているところ，補償契約に基づく補償に関する情報は，株主にとって重要性が高いものであり，原案は，補償契約に基づきいわゆる賠償金や和解金を支払っ

た場合には，その旨及び補償した金額を事業報告の記載事項とすることとしている。

　なお，責任限定契約についても，責任限定契約を締結する役員等の責任の上限額に関する事項を定款で定めなければならないこととされ（会社法第４２７条第１項），また，責任限定契約に関する定款規定の内容は登記事項とされていること（同法第９１１条第３項第２５号）や，株式会社は，責任限定契約を締結している役員等の任務懈怠により損害を被ったことを知ったときは，一定の事項を株主総会において開示しなければならないこととされていること（同法第４２７条第４項）などにより，会社の負担により役員等が経済的負担を免れる範囲等についての情報開示が図られている。

　また，会社法施行規則第１２１条第３号の４は，当該事業年度において補償したときに限って，同号に定める事項の記載を求めるものである。

　したがって，原案は相当であると考える。

イ　取締役の報酬等関係

①　会社法施行規則第１２１条第５号の２について，同号の規定による開示が義務付けられる会社は，会社法第３６１条第７項各号に掲げる会社及び指名委員会等設置会社に限定すべきである。公開会社であっても，上場会社等でない会社について，業績連動報酬に関し，ここまで詳しい開示は必要ではないと考える。

　（当省の考え方）

　業績連動報酬等についての情報を株主に提供することの必要性は，会社法第３６１条第７項各号に掲げる株式会社又は指名委員会等設置会社であるかどうかによって変わるものではないと考えられることから，原案は相当であると考える。

②　業績指標は，大小様々な要素を設定することも一般的であるところ，会社法施行規則第１２１条第５号の２イは，業績連動報酬等の決定方法を十分に説明することができる場合には，当該業績連動報酬等の算定の基礎として選定された全ての業績指標を網羅的に記載することまで求めるものではないという理解でよいか。

　（当省の考え方）

　会社法施行規則第１２１条第５号の２は，業績連動報酬等が会社役員に適切なインセンティブを付与するものであるかを判断するた

めに必要な情報の開示を求めるものであり，そのような目的に照らして必要な記載が求められる。

③　会社法施行規則第１２１条第５号の２は，取締役の業績連動報酬等について，「業績連動報酬等の額又は数の算定方法」（同号ロ）及び「業績指標の数値」（原案の同号ハ）を事業報告の内容に含めなければならないこととしている。しかし，企業内容等の開示に関する内閣府令（昭和４８年大蔵省令第５号）（以下「開示府令」という。）においては，「当該業績連動報酬に係る指標の『目標及び実績』」を記載しなければならないと定めている（開示府令第二号様式記載上の注意（５７）ｃ）。原案は，開示府令と異なる文言を用いており，近時議論されている事業報告と有価証券報告書の一体的開示の要請に著しく反する。さらに，「業績指標の数値」まで開示することを要求すると，例えば，特定の事業分野を管掌する業務執行取締役の役員報酬の額が，当該特定の事業分野における対外的に開示されていないＫＰＩと連動して確定することとなっている場合には，当該未開示のＫＰＩまで開示することが事実上強制されることとなるため，適切ではない。したがって，原案の会社法施行規則第１２１条第５号の２ロ及びハは削除するか，少なくとも開示府令と同一の文言にすべきである。

（当省の考え方）
　御指摘を踏まえ，原案の会社法施行規則第１２１条第５号の２ハを修正し，同号イの業績指標に関する実績を事業報告の記載事項とすることとした。

　なお，開示府令は，業績連動報酬について「業績連動報酬の額の決定方法」（第二号様式記載上の注意（５７）ａ）及び業績連動報酬に係る指標の目標及び実績（同ｃ）等の記載を求めており，前記の修正後の会社法施行規則第１２１条第５号の２ロ及びハの規定は，これらとも整合的である。

④　会社法施行規則第１２１条第５号の２ロについて，「当該業績連動報酬等の額又は数の算定方法」が事業報告の記載事項とされているが，これは，業績指標から具体的な金額に至る計算式の開示を求めるものではないという理解でよいか。また，計数目標の達成度だけではなく，個人別の定性的な目標達成度など裁量性のある内容を含めて業績連動報酬を設計している場合には，シンプルな計算式を開示す

ることは難しいことから，「算定方法」ではなく，「算定方法の概要」
とすべきである。

（当省の考え方）

　会社法施行規則第１２１条第５号の２ロが業績連動報酬等の額又
は数の算定方法を事業報告の記載事項としている趣旨は，業績連
動報酬等と業績指標との関連性等，業績連動報酬等の算定に関する考
え方を株主が理解することができるようにすることにあることから，
同号の規定による記載としては，これらの事項を株主が理解するこ
とができる程度の記載が求められ，株主が開示された業績指標に関
する実績等から業績連動報酬等の具体的な額又は数を導くことがで
きるような記載が必ずしも求められるものではない。また，同号ロの
規定による業績連動報酬等の額又は数の算定方法の記載は，計算式
を記載することに限られるものではない。したがって，原案を修正す
る必要はないと考える。

⑤　原案の会社法施行規則第１２１条第５号の２ハの「業績指標の数
　値」について，事業報告を作成する時点では業績連動報酬の算定に用
　いる業績指標の数値が確定していない場合があることや，業績連動
　報酬等の業績指標として選定していても，企業戦略上の理由から当
　該指標の公表が好ましくないものや公表していない損益計算書上の
　財務指標，非財務指標等数値を記載することが適さないものもある
　ことから，必ずしも，数値を記載することを求めるものではなく，実
　績について記載すれば足りるという理解でよいか。

（当省の考え方）

　御指摘を踏まえ，原案の会社法施行規則第１２１条第５号の２ハ
を修正し，同号イの業績指標の数値ではなく，同号イの業績指標に関
する実績を事業報告の記載事項とすることとした。

⑥　第１２１条第５号の２イの「当該業績連動報酬等の額又は数の算
　定の基礎として選定した業績指標の内容及び当該業績指標を選定し
　た理由」，原案の同号ハの「当該業績連動報酬等の額又は数の算定に
　用いたイの業績指標の数値」を事業報告の記載事項とすることにつ
　いて，これらの事項は営業秘密と密接に関わる可能性があることか
　ら，これらの規定を新設する改正に反対する。仮に，このような改正
　をする場合には，例えば，開示されていないセグメントの利益など，
　非開示の業績指標を選定した場合にどの程度の記載が求められるの

31

99

か。
　（当省の考え方）
　　会社法施行規則第１２１条第５号の２は，業績連動報酬等が会社
　役員に適切なインセンティブを付与するものであるかを判断するた
　めに必要な情報の開示を求めるものであり，そのような目的に照ら
　して必要な記載が求められる。したがって，当該規定は事業報告を作
　成する会社に過度の負担を課すものではなく，原案は相当であると
　考える。なお，他の御意見等も踏まえ，原案の同号ハを修正し，同号
　イの業績指標に関する実績を事業報告の記載事項とすることとした。

⑦　会社法施行規則第１２１条第５号の３において，「当該非金銭報酬
　等の内容」として，どの程度の記載を求めているのか。例えば，「当
　社株式」等の記載で足りるのか。
　（当省の考え方）
　　会社法施行規則第１２１条第５号の３の規定による非金銭報酬等
　の内容についての事業報告の記載としては，非金銭報酬等によって
　会社役員に対して適切なインセンティブが付与されているかを株主
　が判断するために必要な程度の記載が求められる。例えば，同号の当
　該非金銭報酬等に株式が含まれる場合には，当該株式の種類，数や当
　該株式を割り当てた際に付された条件の概要等を記載することが考
　えられる。

⑧　会社法施行規則第１２１条第５号の４ハの「当該定めに係る会社
　役員の員数」が何を指すか明確にすべきである。
　（当省の考え方）
　　会社法施行規則第１２１条第５号の４ハは，同号柱書の定款の定
　めが設けられ，又は同号柱書の株主総会の決議がされた時点におい
　て，それらの定めの対象とされていた会社役員の員数を記載するこ
　とを求めるものである。このことは，「当該定めに係る会社役員の員
　数」という文言から明らかであり，原案を修正する必要はないと考え
　る。

⑨　会社法施行規則第１２１条第５号の２に掲げる事項と同条第５号
　の４に掲げる事項，同条第５号の３に掲げる事項と同条第５号の４
　に掲げる事項は，同じ内容を繰り返し記載することとなるため，それ
　ぞれいずれかの号に集約することが望ましい。

（当省の考え方）

　会社法施行規則第１２１条第５号の２及び第５号の３は，同条第４号及び第５号に基づいて記載された会社役員の報酬等についての記載を求めるものである。他方で，同条第５号の４は，報酬等を付与する根拠となる定款の定め又は株主総会の決議の内容等について記載を求めるものであり，同条第５条の２及び第５条の３とは記載を求める趣旨を異にするため，別個に規定している。また，原案は，事業報告の中で適宜他の箇所を引用するなどして重複した記載を避ける工夫をすることを妨げるものではない。したがって，原案を修正する必要はないと考える。

⑩　会社法施行規則第１２１条第５号の４について，指名委員会等設置会社においては，会社法第３６１条第１項に基づく定款の定め又は株主総会の決議を要しないため（同法第４０４条第３項），指名委員会等設置会社については，同号による開示を要しない旨を条文上明確にすべきである。

　（当省の考え方）

　会社法第３６１条第１項等に基づく会社役員の報酬等についての定款の定め又は株主総会の決議による定めがない場合には，会社法施行規則第１２１条第５号の４に掲げる事項を事業報告に記載することを要しない。このことは，原案からも明らかであり，原案を修正する必要はないと考える。

⑪　会社法施行規則第９８条の５は，取締役の個人別の報酬等の内容についての決定に関する方針として定めるべき事項を多数定めているが，会社によって方針の内容は様々であり，同条各号の内容に添った形で方針を決定しているわけではない。同令第１２１条第６号ロの「当該方針の内容の概要」の開示に当たっては，同令第９８条の５各号に掲げる事項ごとに開示することまでが求められているわけではなく，会社が定めた方針の中に同条各号に掲げる方針が含まれていれば，いわゆる報酬プログラム又は報酬ポリシーとしてまとめて開示することが許容されるという理解でよいか。

　（当省の考え方）

　会社法施行規則第１２１条第６号ロに基づいて記載すべき取締役の個人別の報酬等の内容についての決定に関する方針の概要について，その記載の順序等について定めることとはしておらず，同令第９

33

8条の5各号に掲げる事項ごとに記載しなければならないわけではない。

⑫　会社法施行規則第121条第6号ハについて，会社法第361条第7項の方針又は同法第409条第1項の方針に従って取締役又は執行役の個人別の報酬等の内容を決定することは，役員の善管注意義務の内容であり，事業報告において記載させる必要まではないことから，同号ハは，削除すべきである。仮に，事業報告への記載を求めるとしても，指名委員会等設置会社は除外すべきである。

（当省の考え方）

　　御理解のとおり，会社法第361条第7項の方針又は同法第409条第1項の方針がある場合には，それらの方針に従って取締役又は執行役の個人別の報酬等の内容を決定しなければならないこととなるが，会社法施行規則第121条第6号ハは，当該方針に従って取締役又は執行役の個人別の報酬等の内容が決定されたことを株主が判断することができるように情報の提供をすることを求めるものであって，原案は相当であると考える。

⑬　会社法施行規則第121条第6号ハにおいて，取締役の個人別の報酬等の内容がその方針に沿うものであると取締役会が判断した理由の開示は，個人別の報酬等の内容の決定について取締役会が取締役その他の第三者に委任している場合も必要とされるのか。また，もし必要であるとしても，その判断のために，取締役会に取締役の個人別の報酬等の内容を開示しなければならないわけではないという理解でよいか。

（当省の考え方）

　　会社法施行規則第121条第6号ハの規定による事業報告の記載は，取締役の個人別の報酬等の内容についての決定の全部又は一部を取締役その他の第三者に委任する場合にも必要となる。取締役会として，取締役の個人別の報酬等の内容がその決定に関する方針に沿うものであるかどうかをどのような方法で判断するかは，各社の取締役会において判断されることとなる。

⑭　会社法施行規則第121条第6号ハについて，取締役会若しくはその委任を受けた取締役その他の第三者又は報酬委員会は，会社法第361条第7項の方針又は同法第409条第1項の方針に従って

取締役等の個人別の報酬等の内容を決定する義務を負うから，取締役等の個人別の報酬等の内容は当然に当該方針に沿ったものになっていると考えられ，「当該方針に沿うものであると取締役会・・・が判断した理由」を更に開示させる意義は乏しいと考えられること，このような開示を求めたとしても，実際上，当該方針の内容を改めて説明する形で「取締役会が判断した理由」を記載するほかないケースも多いと思われ，開示を求める実際上の意味がないと思われること等から，「当該方針に沿うものであると取締役会・・・が判断した理由」を事業報告の記載事項とする改正に反対する。

　（当省の考え方）
　　取締役又は執行役の個人別の報酬等の内容がその決定に関する方針（会社法第３６１条第７項，第４０９条第１項）に沿うものであることについて，株主が取締役又は執行役の報酬等に関する開示の内容と当該方針に関する開示の内容を自ら比較することのみによって確認することは必ずしも容易ではなく，取締役会又は報酬委員会がその点に関する判断の理由を示すことは有益であるから，原案は相当であると考える。

⑮　会社法施行規則第１２１条第６号について，開示の基準時はいつか。「方針を定めているときは」という同号柱書の規定の仕方からすると，事業報告を作成する時点で「方針」が存在する場合に当該事業報告作成時点における「方針」について開示すれば足りるように読めるが，他方で，同号ハにおいては，「当該事業年度に係る取締役・・・の個人別の報酬等の内容が当該方針に沿うものであると取締役会・・・が判断した理由」の開示が求められており，「当該事業年度時点」における「方針」の開示が必要であるようにも思われる。「当該事業年度時点」における方針と「事業報告作成時点」における方針の内容が異なることがあり得るから，開示の基準時がいずれかであるかが明確になっている必要がある。

　（当省の考え方）
　　会社法施行規則第１２１条第６号の規定により会社法第３６１条第７項の方針又は同法第４０９条第１項の方針について事業報告に記載する場合において，どの時点において存在する方針について記載すべきかについては，事業報告の作成時又は当該事業年度末日のいずれの考え方もあり得ると考えられる。ただし，いずれの考え方による場合であっても，同令第１２１条第６号ハが当該事業年度に係

35

る取締役又は執行役の個人別の報酬等の内容が当該方針に沿うものであると取締役会が判断した理由を記載することを求めていることも踏まえ，事業年度中又は事業年度末日後に当該方針について変更があった場合には，変更前の当該方針についても当該理由の説明のために必要な記載をすることが考えられる。

⑯ 会社法施行規則第１２１条第６号においては，指名委員会等設置会社における報酬委員会が決定することを義務付けられている執行役等の個人別の報酬等の内容に係る決定に関する方針（会社法第４０９条第１項）についても開示が求められている。当該方針の具体的な内容は，法務省令に委任されていないものの，監査役会設置会社（公開会社かつ大会社に限る。）である有価証券報告書提出会社又は監査等委員会設置会社において決定が義務づけられる取締役の個人別の報酬等の内容についての決定に関する方針（同法第３６１条第７項）の内容について具体的に規定する同令第９８条の５各号に掲げる事項と別異に解する必要はないという理解でよいか。

（当省の考え方）
　原案は，指名委員会等設置会社における報酬委員会が定めなければならないこととされている執行役等の個人別の報酬等の内容に係る決定に関する方針（会社法第４０９条第１項）の内容について，従前の解釈を変更するものではない。

⑰ 取締役の個人別の報酬等の内容についての決定に関する方針の決定が義務付けられていない会社においては，会社法施行規則第１２１条第６号の２だけでなく，同条第６号に掲げる事項についても，事業報告における記載を省略することを認めるべきではないか。

（当省の考え方）
　会社法第３６１条第７項の方針又は同法第４０９条第１項の方針を定めることを要しない会社が，取締役の個人別の報酬等の内容についての決定に関する方針を任意に定めた場合であっても，会社法施行規則第１２１条第６号に規定する「法第３６１条第７項の方針又は第４０９条第１項の方針を定めているとき」には該当しないため，同号に掲げる事項を事業報告に記載することを要しない。このことは，原案からも明らかであり，原案を修正する必要はないと考える。

⑱ 会社法施行規則第１２１条第６号とは別に，同条第６号の２が

必要な理由は，何か。
　（当省の考え方）
　　会社法施行規則第１２１条第６号は，会社法第３６１条第７項の
　方針又は同法第４０９条第１項の方針に関する事項の記載を求める
　ものであるが，これらの方針は，監査等委員でない取締役又は執行役
　の個人別の報酬等に関するものである。他方で，これらの者以外の会
　社役員の報酬等の額又はその算定方法に係る決定に関する方針が任
　意に定められている場合における当該方針も，会社役員に適切にイ
　ンセンティブが付与されているかを株主が判断するために重要な情
　報であることから，同令第１２１条第６号の２は，そのような方針に
　ついても事業報告に記載することを求めている。

⑲　会社法施行規則第１２１条第６号イの「当該方針の決定の方法」に
　ついて，単に，「取締役会の決議により決定した」，「報酬委員会の
　決議により決定した」とだけ開示すれば足りるのか，それとも，より
　詳細な内容の開示が求められるのか。
　（当省の考え方）
　　会社法施行規則第１２１条第６号イの「当該方針の決定の方法」と
　しては，取締役会の決議により決定したこと等に加えて，例えば，方
　針を決定するに当たって，任意に設置した報酬諮問委員会の答申を
　得たことなど，当該方針を決定する過程に関する重要な事実があれ
　ば，それを記載することが考えられる。

⑳　会社法施行規則第１２１条第６号の３イについて，取締役の個人
　別の報酬等の内容についての決定の全部又は一部を社外取締役から
　構成される任意の報酬委員会に委任する場合にも開示が求められる
　という理解でよいか。
　（当省の考え方）
　　社外取締役から構成される任意の報酬委員会が取締役の個人別の
　報酬等の内容の全部又は一部を決定したときは，当該委員会の各構
　成員が会社法施行規則第１２１条第６号の３イの「当該委任を受け
　た者」に該当するものとして同号に掲げる事項を記載することとな
　る。

㉑　会社法施行規則第１２１条第６号の３ハは，取締役の個人別の報
　酬等の内容の全部又は一部を取締役会から委任を受けた取締役その

他の第三者が決定した場合において，「権限を委任した理由」を事業報告の記載事項としているが，取締役の個人別の報酬等の内容についての決定に関する方針として，同様の記載をすることが求められていない（同令第９８条の５第６号）のは，なぜか。

（当省の考え方）

　　取締役の個人別の報酬等の内容についての決定の全部又は一部を取締役その他の第三者に委任することとする場合には，そのような委任をすること及び当該委任の内容等が取締役の個人別の報酬等の内容についての決定に関する方針に該当すると考えられ，当該委任をする理由は方針そのものではないと考えられるため，会社法施行規則第９８条の５第６号においては当該委任をする理由を挙げていない。

㉒　会社法施行規則第１２１条第６号の３ハについて，「権限を委任した理由」を記載することは，法制審議会会社法制（企業統治等関係）部会では議論されておらず，長年の安定した会社法の解釈に基づく実務を変更させるのであれば，法務省令の改正ではなく法改正によるべきであることから，同号ハは削除すべきである。

（当省の考え方）

　　会社法施行規則第１２１条第６号の３ハの規定は，取締役の個人別の報酬等の内容についての決定の全部又は一部を取締役等に委任することについて，従前の解釈や実務を変更することを意図したものではないが，委任をした理由は，当該委任が必要であったかどうかや委任の内容が適切であったかどうか等を株主が検討するに際して有益な情報であると考えられることから，事業報告の記載事項としたものであり，原案は相当であると考える。

㉓　会社法施行規則第１２１条第６号の３ニは，取締役（監査等委員である取締役を除く。）の個人別の報酬等の内容についての決定の全部又は一部について委任を受けた者の権限が適切に行使されるようにするための「措置を講じた場合にあっては，その内容」を事業報告の内容に含めなければならないこととしているが，文言を「措置の内容」と修正するとともに，措置の内容が実効的なものであると取締役会が判断する理由，社外取締役が選任されている株式会社にあっては，当該理由の相当性に関する社外取締役の意見を追加し，開示規制により取締役会の監督権限が適切に発揮されるようにすべきである。

38

（当省の考え方）
　取締役会が取締役の個人別の報酬等の内容についての決定の全部
又は一部を取締役その他の第三者に委任する場合において，その権
限が適切に行使されるようにするための措置を講ずるかどうか，ど
のような措置を講ずるかは各社の判断に委ねられている。したがっ
て，何らかの措置を講じなければならないことを前提とした規律と
することは，適切でない。また，事業報告に会社法施行規則第121
条第6号の3ニに基づく記載がない場合には，そのことから当該株
式会社が同号ニの措置を講じていないことが明らかとなるし，原案
は，当該措置の内容が実効的なものであることなどについて社外取
締役の意見がある場合において，当該意見を任意に事業報告に記載
することを妨げるものではない。したがって，原案は相当であると考
える。

㉔　会社法施行規則第121条第6号の3ニにおいて，取締役の個人
別の報酬等の内容の全部又は一部の決定について委任を受けた取締
役の権限が適切に行使されるようにするための措置を講じた場合に
あっては，その内容を事業報告に記載することを求める趣旨は，何か。
同条第6号ハにおいては，取締役の個人別の報酬等の内容がその決
定に関する方針に沿うものであると取締役会が判断した理由の開示
が既に求められているところ，これに加えて同条第6号の3ニに掲
げる事項の開示を求める必要性は乏しいのではないか。
（当省の考え方）
　取締役の個人別の報酬等の内容の決定の全部又は一部を取締役そ
の他の第三者に委任することについては，株主に対して十分な情報
提供がされるべきであると考えられることから，会社法施行規則第
121条第6号の3ニは，委任された権限が適切に行使されるため
の措置に関する事項を事業報告に記載しなければならないこととし
ている。また，取締役の個人別の報酬等の内容についての決定に関す
る方針において当該措置に関する事項を定めていない場合であって
も，当該措置がとられたときには，当該措置に関する事項を事業報告
に記載することを求めることが適切である。なお，原案は，同号ニの
規定により記載する事項と同条第6号ハの規定により記載する事項
との間に重複がある場合において，他方の記載を引用するなどの工
夫を妨げるものではない。したがって，原案は相当であると考える。

㉕　会社法第３６１条第７項各号に掲げる株式会社については，会社法施行規則第１２１条第６号ロの規定により，事業報告において，取締役の個人別の報酬等の内容についての決定に関する方針の内容の概要（同令第９８条の５第６号イからハまでの各事項を含む。）を開示することとなるから，同令第１２１条第６号の３ハ及びニに掲げる事項を重ねて開示させる必要はない。また，同項各号に掲げる株式会社以外の株式会社についても，取締役の個人別の報酬等の内容の決定の委任に関し，ここまで詳細な事項の開示を求める必要はないと考えられる。したがって，同令第１２１条第６号の３ハ及びニに掲げる事項を事業報告の記載事項とすべきではない。

　（当省の考え方）

　　会社法施行規則第１２１条第６号の３ハ及びニに掲げる事項は，取締役の個人別の報酬等の内容の決定の全部又は一部を取締役その他の第三者に委任した場合において，当該委任が必要であったかどうかや委任の内容が適切であったかどうか等を株主が検討するに際して有益な情報であることから，事業報告の記載事項としたものであり，原案は相当であると考える。

㉖　原案の会社法施行規則第１２２条第１項第２号について，信託を用いた株式報酬制度（株式交付信託）を導入している場合には，役員の在任期間中は専らポイントが加算されるだけで，株式や金銭は支給されず，退任から一定期間経過した後に，累積ポイント相当の当社株式の交付を受けることができることとされている場合がある。このような場合には，交付した株式の数，対象者の人数等の開示は，どのように行うことになるのか。

　（当省の考え方）

　　御指摘を踏まえ，原案の会社法施行規則第１２２条第１項第２号を修正し，会社役員であった者に職務執行の対価として当該株式会社の株式を交付した場合においても，当該株式の数等を記載しなければならないこととした。

㉗　会社法施行規則第１２２条第１項第２号について，当該株式会社の株式の購入資金に充てるために会社役員に対し報酬等として金銭を支給している場合において，当該金銭を用いて当該会社役員が市場又は持株会を通じて当該株式会社の株式を取得したときは，当該株式について同号の規定による記載は要しないという理解でよいか。

また，同号は，当該株式会社の株式の交付を受けた各会社役員についてその氏名や交付株式数を事業報告に記載することを求めるものではなく，役員区分ごとの人数と交付株式数の総数を記載すれば足りるという理解でよいか。

（当省の考え方）

　会社法施行規則第１２２条第１項第２号は，当該株式会社が会社役員に対して職務執行の対価として交付した株式又は職務執行の対価として交付した金銭の払込みと引換えに交付した株式について記載することを求めるものであり，その他の方法により会社役員が取得した株式について記載することは要しない。また，同号は，同号イからニまでに掲げる会社役員の区分ごとに交付した株式の数及び人数を記載することを求めるものであり，各会社役員についてその氏名や交付を受けた株式の数の記載をすることは要しない。

㉘　取締役の中でも社外取締役と業務執行取締役を中心とするそれ以外の取締役とでは，期待されている役割が異なり，企業統治の観点から付与すべきインセンティブも異なると考えられる。そのため，事業報告における取締役の報酬等の額の記載については，業績連動報酬等の総額，非金銭報酬等の総額及びそれら以外の報酬等の総額（あるいは，報酬等全体に占める業績連動報酬等及び非金銭報酬等の割合）について，社外取締役とその他の取締役に分けて記載がされるようにすべきである。

（当省の考え方）

　御指摘を踏まえ，原案の会社法施行規則第１２１条第４号イ及びロを修正し，同令第１２４条第５号の規定による事業報告における社外役員の報酬等に関する記載についても，業績連動報酬等，非金銭報酬等及びその他の報酬等に分けてその総額又は額を記載しなければならないこととした。

ウ　役員等のために締結される保険契約関係

①　原案の会社法施行規則第１２１条の２第１号の「当該保険者の氏名又は名称」については，当該事項の開示を求める規定を設ける趣旨が必ずしも明らかではない反面，守秘性の高い個別の取引情報が開示されることによる実務上の弊害が懸念されるので，削除すべきである。

（当省の考え方）

現　行	改　正　後

現　行

第二号様式
【表紙】
【提出書類】
【提出先】　　　財務（支）局長
【提出日】　　　平成　年　月　日
【会社名】(2)
【英訳名】
【代表者の役職氏名】(3)
【本店の所在の場所】
【電話番号】
【事務連絡者氏名】
【最寄りの連絡場所】
【電話番号】
【事務連絡者氏名】
【届出の対象とした募集（売出）有価証券の種類】(4)
【届出の対象とした募集（売出）金額】(5)
【安定操作に関する事項】(6)
【縦覧に供する場所】(7)
　　　名称
　　　（所在地）

第一部　［略］
第二部　【企業情報】
　［第1～第3　略］
第4　【提出会社の状況】
　［1～3　略］
　［削る。］

改　正　後

第二号様式
【表紙】
【提出書類】
【提出先】　　　財務（支）局長
【提出日】　　　平成　年　月　日
【会社名】(2)
【英訳名】
【代表者の役職氏名】(3)
【本店の所在の場所】
【電話番号】
【事務連絡者氏名】
【最寄りの連絡場所】
【電話番号】
【事務連絡者氏名】
【届出の対象とした募集（売出）有価証券の種類】(4)
【届出の対象とした募集（売出）金額】(5)
【安定操作に関する事項】(6)
【縦覧に供する場所】(7)
　　　名称
　　　（所在地）

第一部　［略］
第二部　［同左］
　［第1～第3　同左］
第4　【提出会社の状況】
　［1～3　同左］
4　【株価の推移】(54)
(1)【最近5年間の事業年度別最高・最低株価】

回次				
決算年月				
最高（円）				
最低（円）				

(2)【最近6月間の月別最高・最低株価】

月別					
最高（円）					
最低（円）					

5　【役員の状況】(55)
男性　　名　女性　　名　（役員のうち女性の比率　　%）

役名	職名	氏名	生年月日	略歴	任期	所有株式数

(55) 役員の状況

[a～h 略]

i 役員が社外取締役又は社外監査役に該当する場合には、その旨を欄外に注記すること。

j 提出会社が上場会社等である場合には、次のとおり記載すること。

(a) 社外取締役又は社外監査役を選任している場合には、社外取締役及び社外監査役の員数並びに各社外取締役又は社外監査役と提出会社との人的関係、資本的関係又は取引関係その他の利害関係について、具体的に、かつ、分かりやすく記載すること。

当該社外取締役又は社外監査役が提出会社の企業統治において果たす機能及び役割、当該社外取締役又は社外監査役を選任するための提出会社からの独立性に関する基準又は方針の内容（これらの基準又は方針がない場合には、その旨）並びに当該社外取締役又は社外監査役の選任状況に関する提出会社の考え方を具体的に、かつ、分かりやすく記載すること。また、当該社外取締役又は社外監査役による監督又は監査と内部監査、監査役監査（監査等委員会設置会社にあっては監査等委員会による監査をいう。(a)において同じ。）及び会計監査との相互連携並びに内部統制部門との関係について、具体的に、かつ、分かりやすく記載すること。

(b) 社外取締役又は社外監査役を選任していない場合には、社外取締役又は社外監査役を選任していない旨並びにそれに代わる社外人的体制及び当該社外人的体制を採用する理由を具体的に記載すること。

k 提出会社が上場会社等以外の者である場合には、社外取締役及び社外監査役と提出会社との取引関係その他の利害関係について、具体的に、かつ、分かりやすく記載すること。

(56) 監査の状況

a 監査役監査の状況について、次のとおり記載すること。

(a) 監査役監査の組織、人員（財務及び会計に関する相当程度の知見を有する監査役、監査委員又は監査等委員が含まれる場合には、その内容を含む。）及び手続について、具体的に、かつ、分かりやすく記載すること。

(b) 最近事業年度における提出会社の監査役及び監査役会（監査等委員会設置会社にあっては提出会社の監査等委員会をいう。dにおいて同じ。）の活動状況（開催頻度、主な検討事項、個々の監査役の出席状況及び常勤の監査役の活動等）を記載すること。

b 提出会社が上場会社等である場合には、内部監査の状況等について、次のとおり記載すること。

(a) 内部監査の組織、人員及び手続について、具体的に、かつ、分かりやすく記載すること。

(b) 内部監査、監査役監査及び会計監査の相互連携並びにこれらの監査と内部統制部門との関係について、具体的に、かつ、分かりやすく記載すること。

c 提出会社が上場会社等以外の者である場合には、内部監査の状況等について、次のとおり記載すること。

d 会計監査の状況について、次のとおり記載すること。

(a) 提出会社の監査公認会計士等（第19条第2項第9号の4に規定する監査公認会計士等をいう。以下

(55) 役員の状況

[a～h 同じ]

i 役員が社外取締役（社外役員（会社法施行規則第2条第3項第5号に規定する社外役員をいう。以下 i 及び (b) a 及び d において同じ。）に該当する会社法第2条第15号に規定する社外取締役をいう。以下 i の様式において同じ。）又は社外監査役（社外役員に該当する会社法第2条第16号に規定する社外監査役をいう。以下 i の様式において同じ。）に該当する場合には、その旨を欄外に注記すること。

[加える。]

(56) 役員の状況

[a～h 同じ]

i 役員が社外取締役（社外役員（会社法施行規則第2条第3項第5号に規定する社外役員をいう。以下 i 及び (b) a 及び d において同じ。）又は社外監査役に該当する場合には、その旨を欄外に注記すること。

[加える。]

(56) コーポレート・ガバナンスの状況

a 提出会社が法第24条第1項第1号又は第2号に掲げる有価証券（ただし、法第5条第1項に規定する特定有価証券を除く。）を発行する者である場合には、次のとおり記載すること。

(a) 提出会社の企業統治の体制（企業統治に関して提出会社が任意に設置する委員会その他これに類するものを含む。）の概要及び当該企業統治の体制を採用する理由を具体的に記載すること。また、その他の提出会社の企業統治に関する事項（例えば、内部統制システムの整備の状況、リスク管理体制の整備の状況、提出会社の子会社の業務の適正を確保するための体制整備の状況）について、具体的に、かつ、分かりやすく記載すること。

なお、取締役（業務執行取締役等をb においていう。）であるものを除く。b において同じ。）、会計参与、監査役又は会計監査人との間で会社法第427条第1項に規定する契約（いわゆる責任限定契約）を締結した場合には、当該契約の内容の概要（当該契約によって当該取締役、会計参与、監査役又は会計監査人の職務の適正性が損なわれないようにするための措置を講じている場合にあっては、その内容を含む。）を記載すること。

また、会社法第373条第1項に規定する特別取締役による議決の制度を定めた場合には、その内容を記載すること。

(b) 監査役（監査役会設置会社にあっては監査役会、監査等委員会設置会社にあっては監査等委員会、指名委員会等設置会社にあっては監査委員会）、監査役の組織、人員（財務及び会計に関する相当程度の知見を有する監査役、監査委員又は監査等委員が含まれる場合には、その内容を含む。）及び手続について、具体的に、かつ、分かりやすく記載すること。

また、内部監査、監査役監査（監査等委員会設置会社にあっては監査等委員会による監査をいう。）及び会計監査の相互連携並びにこれらの監査と内部統制部門との関係について、具体的に、かつ、分かりやすく記載すること。

下この様式及び第二号の五様式において同じ。）が監査法人である場合には、当該監査法人に係る次に掲げる事項を記載すること。

ⅰ　当該監査法人の名称

ⅱ　提出会社の財務書類について連続して監査関連業務（公認会計士法第 24 条の３第３項に規定する監査関連業務をいう。）を行っている場合におけるその期間（(b)において「継続監査期間」という。）

ⅲ　業務を執行した公認会計士（公認会計士法第 16 条の２第５項に規定する外国公認会計士を含む。以下同じ。）の氏名

ⅳ　監査業務に係る補助者の構成

(b)　提出会社の監査公認会計士等が公認会計士である場合には、当該公認会計士の氏名、監査業務に係る補助者の構成及び監査証明の審査体制について記載すること。また、業務を執行した公認会計士の継続監査期間が７会計期間を超える場合にあっては、当該継続監査期間を記載すること。

(c)　提出会社が(a)又は(b)の規定により記載した監査公認会計士等を選定した理由について、提出会社が監査公認会計士等を選定するに当たって考慮するものとしている方針（会社法施行規則第 126 条第４号に掲げる事項を含む。）を含めて具体的に記載すること。なお、提出会社が最近事業年度の末日において会社法第２条第 11 号に規定する会計監査人設置会社であり、かつ、当該監査公認会計士等が会計監査人と同一の者である場合において、同令第 126 条第５号又は第６号に掲げる事項を事業報告に含めた、又は含めるべきときには、当該事項の内容を記載した上で、当該監査公認会計士等を選定した理由を記載すること。

(d)　最近２連結会計年度等（連結財務諸表を作成していない場合には最近２事業年度等）において監査公認会計士等の異動（第 19 条第２項第９号の４に規定する異動をいう。以下この様式及び第二号の五様式において同じ。）があった場合には、その旨を記載すること。なお、当該異動について同号の規定に基づいて臨時報告書を提出した場合には、当該臨時報告書に記載した事項（同号ハ(2)から(6)までに掲げる事項については、その概要）も記載すること。

(e)　提出会社の監査役及び監査役会が提出会社の監査公認会計士等又は会計監査人の評価を行った場合には、その旨及びその内容を記載すること。

(f)　監査報酬の内容等について、次のとおり記載すること。

ⅰ　最近２連結会計年度（連結財務諸表を作成していない場合には最近２事業年度。以下この様式において同じ。）において、提出会社及び提出会社の連結子会社がそれぞれ監査公認会計士等に対して支払った、又は支払うべき報酬について、監査証明業務（公認会計士法第２条第１項に規定する業務をいう。以下この様式及び第二号の五様式において同じ。）に基づく報酬とそれ以外の業務（以下ⅰ、ⅱ及び第二号の五様式において「非監査業務」という。）に基づく報酬に区分して記載すること。この場合において、非監査業務に基づく報酬を記載したときは、当該非監査業務の内容を記載すること。

ⅱ　最近２連結会計年度において、提出会社及び提出会社の連結子会社がそれぞれ監査公認会計士等と同一のネットワーク（共通の名称を用いるなどして２以上の国においてその業務を行う公認会計士又は監査法人及び外国監査事務所等（外国の法令に準拠し、外国において、他人の求めに応じ報酬を得て、財務書類の監査又は証明をすることを業とする者をいう。）を含めて構成される組織をいう。）に属する者に対して支払った、又は支払うべき報酬について、監査証明業務に基づく報酬と非監査業務に基づく報酬に区分して記載すること（ただし、ⅰの規定により記載する報酬の内容及び連結会社の監査報酬等の内容として重要性の乏しい報酬の内容を除く。）。この場合において、非監査業務に基づく報酬を記載したときは、当該非監査業務の内容を記載すること。

ⅲ　ⅰ及びⅱの規定により記載する報酬の内容のほか、最近２連結会計年度において、連結会社の監

(c)　社外取締役又は社外監査役を選任している場合には、社外取締役及び社外監査役の員数並びに各社外取締役及び社外監査役につき、提出会社との人的関係、資本的関係又は取引関係その他の利害関係について、具体的に、かつ、分かりやすく記載すること。

当該社外取締役又は社外監査役が提出会社の企業統治において果たす機能及び役割並びに当該社外取締役又は社外監査役を選任するための提出会社からの独立性に関する基準又は方針の内容（これらの基準又は方針がない場合は、その旨）及び当該社外取締役又は社外監査役の選任状況に関する提出会社の考え方を具体的に、かつ、分かりやすく記載すること。また、当該社外取締役又は社外監査役による監督又は監査と内部監査、監査役（監査等委員会又は監査委員会）監査及び会計監査との相互連携並びに内部統制部門との関係について、具体的に、かつ、分かりやすく記載すること。

社外取締役又は社外監査役を選任していない場合には、その旨及びそれに代わる社内体制及び当該社内体制を採用する理由を具体的に記載すること。

(d)　提出会社の役員（取締役、監査役及び執行役をいい、最近事業年度の末日までに退任した者を含む。以下(d)において同じ。）の報酬等（報酬、賞与その他その職務執行の対価としてその会社から受ける財産上の利益であって、最近事業年度に係るもの及び最近事業年度において受け、又は受ける見込みの額が明らかとなったもの（最近事業年度前のいずれかの事業年度に係る有価証券報告書に記載したものを除く。）をいう。以下(d)において同じ。）について、取締役（監査等委員及び社外取締役を除く。）、監査等委員（社外取締役を除く。）、監査役（社外監査役を除く。）、執行役及び社外役員の区分（以下(d)において「役員区分」という。）ごとに、報酬等の総額、報酬等の種類別（基本報酬、ストックオプション、賞与及び退職慰労金等の区分をいう。以下(d)において同じ。）の総額及び対象となる役員の員数を記載すること。

提出会社の役員ごとに、氏名、役員区分、提出会社の役員としての報酬等（主要な連結子会社の役員としての報酬等がある場合には、当該報酬等を含む。以下(d)において「連結報酬等」という。）の総額及び連結報酬等の種類別の額について、提出会社と各主要な連結子会社に区分して記載すること（ただし、連結報酬等の総額が１億円以上である者に限ることができる。）。

使用人兼務役員の使用人給与のうち重要なものがある場合には、その総額、対象となる役員の員数及びその内容を記載すること。

提出日現在において、提出会社の役員の報酬等の額又はその算定方法の決定に関する方針を定めている場合には、当該方針の内容及び決定方法を記載すること。また、当該方針を定めていない場合には、その旨を記載すること。

(e)　提出会社の株式の保有状況について、次のとおり記載すること。

ⅰ　提出会社の最近事業年度に係る貸借対照表に計上されている投資有価証券（財務諸表等規則第 32 条第１項第１号に掲げる投資有価証券及びこれに準ずる有価証券をいい、提出会社の所有に係るもので保証差入有価証券等の別科目で計上されているものを含む。以下(e)において同じ。）に該当する株式（提出会社が信託財産として保有する株式を除く。以下(e)において「投資株式」という。）のうち保有目的が純投資目的以外の目的であるものについて、銘柄数及び貸借対照表計上額の合計額を記載すること。

ⅱ　保有目的が純投資目的以外の目的である投資株式（法第 24 条第１項第１号又は第２号に掲げる有価証券に該当する株券及び外国の金融商品取引所（令第２条の 12 の３第４号ロに規定する外国の金融商品取引所をいう。）に上場されている株券その他これに準ずる有価証券に係る株式以外の株式（以下(e)において「非上場株式」という。）を除き、純投資目的以外の目的で提出会社が信託契約その他の契約又は法律上の規定に基づき株主として議決権を行使する権限又は議決権の行使を指図する権限（以下(e)において「議決権行使権限」という。）を有する株式（提出会社が信託財産として保有する株式及び非上場株式を除く。以下(e)において「みなし保有株式」という。）を含

む。以下ⅲにおいて同じ。）のうち、最近事業年度末及び最近事業年度の前事業年度のそれぞれについて、銘柄別による投資株式の貸借対照表計上額の資本金額（財務諸表等規則第60条に規定する株主資本の合計額）の資本金額に対する割合が当該割合の100分の1を超えるもの（当該投資株式の銘柄数が30に満たない場合には、当該貸借対照表計上額の大きい順の30銘柄（みなし保有株式が含まれる場合には、みなし保有株式にあっては貸借対照表計上額の大きい順の30銘柄、特定投資株式（保有目的が純投資目的以外の目的である投資株式（みなし保有株式を除く。）にあっては貸借対照表計上額の大きい順の10銘柄、特定投資株式及び20銘柄に満たない場合には、開示すべきみなし保有株式の銘柄数は、該当する株式の数、銘柄、株式数は、30から当該特定投資株式の銘柄数を減じて得た数（みなし保有株式の場合には、議決権行使権限の対象となる株式数を乗じて得た数、当該銘柄ごとに有する議決権の内容）を具体的に記載すること。及び貸借対照表計上額（みなし保有株式にあっては当該株式に係る時価に当該株式に係る議決権行使権限の対象となる株式数を乗じて得た額（みなし保有株式の場合には、特定投資株式に区分して記載するとともに、その保有目的（みなし保有株式の場合には、当該株式にこつき議決権行使権限その他の権限を有する旨及びその権限の内容）を具体的に記載すること。この場合において、特定投資株式及びみなし保有株式で同一銘柄の株式がある場合にはそれぞれの株式の貸借対照表計上額及び議決権行使株式数を合算し、その旨を記載すること。

ⅲ　保有目的が純投資目的である投資株式とそれ以外の株式とに区分し、当該区分ごとに、提出会社の最近事業年度及び前事業年度における貸借対照表計上額の合計額並びに最近事業年度における受取配当金、売却損益及び評価損益のそれぞれの合計額を記載すること。なお、当該純投資目的以外の目的で保有する投資株式の保有目的を純投資目的に変更したもの又は純投資目的の投資目的以外の目的から純投資目的に変更したものがある場合には、それぞれの区分に、銘柄、株式数及び貸借対照表計上額を記載すること。

ⅳ　提出会社が子会社の経営管理を行うことを主たる業務とする会社とする場合における提出会社及びその連結子会社の中で、最近事業年度における投資株式の貸借対照表計上額（以下ⅳにおいて「投資株式計上額」という。）が最も大きい会社（以下ⅳにおいて「最大保有会社」といい、最近事業年度における最大保有会社に係る投資株式計上額及び提出会社の最近連結会計年度における連結投資有価証券（連結財務諸表規則第30条第1項第1号に規定する投資有価証券を除く。）をいう。）に区分される株式及び連結貸借対照表計上額の最大連結子会社及び関連会社（連結財務諸表規則第30条第2項に規定する非連結子会社及び関連会社をいう。）に区分される最大保有会社とし、最大保有会社以外の会社（提出会社が連結貸借対照表計上額の3分の2を超えない場合には、会社ごとに区分し、ⅰからⅲまでに準じて記載すること。この場合、ⅲにおける最大保有会社に該当しない場合における提出会社の資本金額（最大保有会社以外の会社を含む。）について、ⅰからⅲまでに準じて記載すること。ⅲにおける最大保有会社以外の会社（提出会社以外の会社とし、ⅲに規定する「大きい順の30銘柄」は「大きい順の10銘柄」に読み替えるものとする。

b　提出会社が a に規定する事項である場合には、次のとおり記載すること。

(a)　提出会社の企業統治に関する事項（例えば、会社の機関の内容、内部統制システムの整備の状況、提出会社の子会社の業務の適正を確保するための体制整備の状況、役員報酬の内容（社外取締役と社外監査役に区分した内容）について、具体的に、かつ、分かりやすく記載すること。
なお、取締役、監査役、会計参与、監査役会又は会計監査人との間で会社法第427条第1項に規定する契約（いわゆる責任限定契約）を締結した場合に、当該契約の内容の概要（当該契約によって当該取締役、会計参与、監査役又は会計監査人の職務の適正性が損なわれないようにするための措置を講じている場合にあっては、その内容を含む。）を記載すること。
また、会社法第373条第1項に規定する特別取締役による取締役会の決議制度を定めた場合には、

高証明業務に基づく報酬として重要な報酬がある場合には、その内容について、具体的に、かつ、分かりやすく記載すること。
ⅳ　提出会社が監査公認会計士等に対する報酬の決定に関する方針を定めているときは、当該方針の概要を記載すること。
ⅴ　提出会社が最近事業年度の末日において会社法第2条第11号に規定する会計監査人設置会社である場合には、監査役会の同意について同法第399条第1項の同意をした理由を記載すること。

18

その内容を記載すること。

(b) 内部監査及び監査役（監査等委員会又は監査委員会）監査、会計監査の状況（監査役（監査等委員会又は監査委員会）監査の組織、人員及び手続並びに内部監査、監査役（監査等委員会又は監査委員会）監査及び会計監査の相互連携について、具体的に、かつ、分かりやすく記載すること。

(c) 社外取締役及び社外監査役と提出会社との人的関係、資本的関係又は取引関係その他の利害関係について、具体的に、かつ、分かりやすく記載すること。

c 業務を執行した公認会計士（公認会計士法第16条の2第2項に規定する外国公認会計士を含む。以下同じ。）の氏名、所属する監査法人名及び提出会社の財務書類について連続して監査関連業務（同法第24条の3第3項に規定する監査関連業務をいう。）を行っている場合における監査関連業務を行った会計年数（当該年数が7年を超える場合に限る。）、監査業務に係る補助者の構成並びに提出会社の監査証明を個人会計士が行っている場合にはその監査年数について、具体的に、かつ、分かりやすく記載すること。

d 提出会社の企業統治に関する事項に代えて連結会社の企業統治に関する事項について記載することができる場合には、その旨を記載すること。

e 定款で取締役の定数又は取締役の資格制限について定め、その内容を記載する場合には、その旨を記載すること。

f 株主総会決議事項を取締役会で決議することができることとした場合にはその事項及びその理由並びに、取締役会決議事項を株主総会で決議できないことを定款で定めた場合にはその内容及びその理由を並びに株主総会の特別決議要件を変更した場合にはその内容及びその理由を記載すること。

g 会社が種類株式発行会社であって、株式の種類ごとに異なる数の単元株式数を定めている場合又は議決権の有無若しくはその内容に差異がある場合には、その旨及びその種類ごとの理由を記載すること。この場合において、株式の保有又は議決権行使に特に記載すべき事項がある場合には、その内容を記載すること。

h 会社と特定の株主との間で利益が相反するおそれがある取引を行う場合に株主（当該取引の当事者である株主を除く。）の利益が害されることを防止するための措置（例えば、いわゆる特別委員会の設置）をとる旨を定めている場合には、その旨及び具体的な内容を記載すること。

[57] 監査報酬の内容等

a 最近2連結会計年度（連結財務諸表を作成していない場合には最近2事業年度。以下この様式において同じ。）において、提出会社及び提出会社の連結子会社が監査公認会計士等（第19条第2項第9号の4に規定する監査公認会計士等をいう。以下この様式及び第二号の五様式において同じ。）に対して支払った、又は支払うべき監査報酬等（公認会計士法第2条第1項に規定する業務に基づく報酬をいう。以下第二号の五様式において同じ。）に基づく報酬及びそれ以外の業務（以下この様式において「非監査業務」という。）に基づく報酬に区分して記載すること。

b a により記載した報酬等の内容のほか、提出会社の監査証明業務に相当すると認められる業務を行う者（監査公認会計士等と同一のネットワーク（共通の名称を用いるなどして2以上の国において監査証明業務に相当すると認められる業務を行う公認会計士又は監査法人及び外国監査事務所等（外国の法令に準拠し、外国において、他人の求めに応じ報酬を得て、財務書類の監査又は証明をすることを業とする者をいう。）により構成される組織をいう。）に属する者に限る。）に対して、当該監査公認会計士等に対するもの以外に支払い、又は支払うべき報酬等について具体的に、かつ、分かりやすく記載すること。また、当該報酬等の額の決定に関する理由及び当該報酬等に基づく役務に重要なものがあるときは、当該役務の内容を記載すること。

c 最近2連結会計年度において、監査公認会計士等に対して監査報酬等以外に支払い、又は支払うべき報酬等があるときは、当該対価に係る役務の内容を記載すること。

d 提出会社の監査公認会計士等に対する報酬の額の決定に関する方針を定めているときは、当該方針の概要を記載すること。

(57) 役員の報酬等

a 提出会社が上場会社等である場合には、提出会社の役員（取締役、監査役及び執行役をいい、最近事業年度の末日までに退任した者を含む。以下この項において同じ。）の報酬等（報酬、賞与その他その職務執行の対価としてその会社から受ける財産上の利益であって、最近事業年度に係るもの及び最近事業年度において受け、又は受ける見込みの額が明らかとなったもの（最近事業年度前のいずれかの事業年度に係る有価証券報告書に記載したものを除く。）をいう。以下この項において同じ。）について、次のとおり記載すること。

イ 届出書提出日現在における提出会社の役員の報酬等の額又はその算定方法の決定に関する方針の内容及び決定方法を記載すること。なお、当該方針を定めていない場合には、その旨を記載すること。

ロ 提出会社の役員の報酬等に、利益の状況を示す指標、株式の市場価格の状況を示す指標その他の提出会社又はその関係会社の業績を示す指標（以下この項において「業績連動報酬」という。）が含まれる場合には、当該業績連動報酬に係る指標、当該指標を選択した理由及び当該業績連動報酬の額の決定方法を記載すること。また、当該事業年度における当該業績連動報酬に係る指標の目標及び実績について記載すること。

ハ 提出会社の役員の報酬等の額又はその算定方法の決定に関する方針を定めた場合には、当該方針の内容及び決定方法を記載すること。また、当該事業年度の役員の報酬等の額の決定過程における提出会社の取締役会及び委員会等の活動内容を記載すること。

ニ 提出会社の役員の報酬等の額又はその算定方法の決定に関する方針の決定権限を有する者の氏名又は名称、その権限の内容及び裁量の範囲を記載すること。

提出会社の役員の報酬等に関する株主総会の決議があるときは、当該株主総会の決議年月日及び当該決議の内容（当該決議が2以上の役員についての定めであるときは、当該対象となる役員の員数を含む。）について、当該決議がないときは、当該役員の報酬等について定款に定めている事項の内容及び当該定めを設けた日について記載すること。

b　取締役（監査等委員及び社外取締役を除く。）、監査等委員（社外取締役を除く。）、監査役（社外監査役を除く。）、執行役及び社外役員の区分（以下bにおいて「役員区分」という。）ごとに、報酬等の総額、報酬等の種類別（例えば、固定報酬、業績連動報酬及び退職慰労金等の区分をいう。以下bにおいて同じ。）の総額及び対象となる役員の員数を記載すること。

提出会社の役員ごとに、氏名、役員区分、提出会社の役員としての報酬等（主要な連結子会社の役員としての報酬等がある場合には、当該報酬等を含む。以下bにおいて「連結報酬等」という。）の総額及び連結報酬等の種類別の額について、提出会社と各主要な連結子会社に区分して記載すること（ただし、連結報酬等の総額が1億円以上である者に限ることができる。）。

使用人兼務役員の使用人給与のうち重要なものがある場合には、その総額、対象となる役員の員数及びその内容を記載すること。

提出会社の役員の報酬等の額又はその算定方法の決定に関する方針の内容及び決定方法について記載すること。

c　役員の報酬等の額又はその算定方法の決定に関する方針を定めている場合には、最近事業年度における当該方針の決定権限を有する者の氏名又は名称、その権限の内容及び裁量の範囲を記載すること。提出会社の役員の報酬等の額又はその算定方法の決定に関する方針の決定に関与する委員会（提出会社の任意により設置する委員会その他これに類するものをいう。以下cにおいて「委員会等」という。）が存在する場合には、その手続の概要を記載すること。また、最近事業年度の提出会社の役員の報酬等の額の決定過程における、提出会社の取締役会（指名委員会等設置会社にあっては報酬委員会）及び委員会等の活動内容を記載すること。

（図）

株式の保有状況。

提出会社が上場会社である場合には、提出会社の株式の保有状況について、次のとおり記載すること。

a　提出会社の最近事業年度に係る貸借対照表に計上されている投資有価証券（財務諸表等規則第32条第1項第1号に掲げる投資有価証券及びこれに準ずる有価証券をいい、提出会社の所有に係るものであって保有目的が純投資目的である投資有価証券を除く。以下において「投資株式」という。）のうち保有目的が純投資目的である投資株式と純投資目的以外の目的である投資株式（法第2条第16項に規定する上場株式（第24条第12の3第4号に規定する外国の金融商品取引所に該当する金融商品取引所（令第2条の3第4号に規定する外国の金融商品取引所をいう。）に上場されている株券その他これに準ずる有価証券に係る株式以外の株式をいう。d及びeにおいて同じ。）とそれ以外の株式の区分ごとに、当該区分に係る事項を記載すること。

b　保有目的が純投資目的以外の目的である投資株式について、当該投資株式の保有の適否に関する取締役会等における検証の内容を記載すること。また、保有目的が純投資目的以外の目的である投資株式のうち非上場株式とそれ以外の株式について、株式数が増加した銘柄及び株式数の減少した銘柄について、株式数が増加した理由並びに株式数が減少した銘柄

c　保有目的が純投資目的以外の目的である投資株式に該当する株券等及び外国の金融商品取引所（令第2条の3第4号に規定する外国の金融商品取引所をいう。）に上場されている株券その他これに準ずる有価証券に係る株式以外の株式をいう。以下dにおいて「特定投資株式」という。）について、個別銘柄の保有の適否を検証する方法等について、銘柄ごとに、次に掲げる事項を記載すること。

(a)　銘柄数及び貸借対照表計上額の合計額
(b)　最近事業年度及びその前事業年度における株式数及び貸借対照表計上額並びに当事業年度における株式数の増加に係る取得価額の合計額及び株式数の減少に係る売却価額の合計額

d　保有目的が純投資目的以外の目的である投資株式（非上場株式を除く。以下dにおいて「特定投資株

[加える。]

［参考］　既に公表した「金融商品取引法研究会（証券取引法研究会）研究記録」

第 1 号「裁判外紛争処理制度の構築と問題点」　　　　　　2003 年 11 月
　　　　　　報告者　森田章同志社大学教授

第 2 号「システム障害と損失補償問題」　　　　　　　　　2004 年 1 月
　　　　　　報告者　山下友信東京大学教授

第 3 号「会社法の大改正と証券規制への影響」　　　　　　2004 年 3 月
　　　　　　報告者　前田雅弘京都大学教授

第 4 号「証券化の進展に伴う諸問題(倒産隔離の明確化等)」　2004 年 6 月
　　　　　　報告者　浜田道代名古屋大学教授

第 5 号「EU における資本市場法の統合の動向　　　　　　2005 年 7 月
　　　　―投資商品、証券業務の範囲を中心として―」
　　　　　　報告者　神作裕之東京大学教授

第 6 号「近時の企業情報開示を巡る課題　　　　　　　　　2005 年 7 月
　　　　―実効性確保の観点を中心に―」
　　　　　　報告者　山田剛志新潟大学助教授

第 7 号「プロ・アマ投資者の区分―金融商品・　　　　　　2005 年 9 月
　　　　販売方法等の変化に伴うリテール規制の再編―」
　　　　　　報告者　青木浩子千葉大学助教授

第 8 号「目論見書制度の改革」　　　　　　　　　　　　　2005 年 11 月
　　　　　　報告者　黒沼悦郎早稲田大学教授

第 9 号「投資サービス法(仮称)について」　　　　　　　　2005 年 11 月
　　　　　　報告者　三井秀範金融庁総務企画局市場課長
　　　　　　　　　　松尾直彦金融庁総務企画局
　　　　　　　　　　　　投資サービス法(仮称)法令準備室長

第 10 号「委任状勧誘に関する実務上の諸問題　　　　　　2005 年 11 月
　　　　―委任状争奪戦（proxy fight）の文脈を中心に―」
　　　　　　報告者　太田洋 西村ときわ法律事務所パートナー・弁護士

第 11 号「集団投資スキームに関する規制について　　　　2005 年 12 月
　　　　―組合型ファンドを中心に―」
　　　　　　報告者　中村聡 森・濱田松本法律事務所パートナー・弁護士

第 12 号「証券仲介業」　　　　　　　　　　　　　　　　2006 年 3 月
　　　　　　報告者　川口恭弘同志社大学教授

第13号「敵対的買収に関する法規制」　　　　　　　　　　2006年5月
　　　　報告者　中東正文名古屋大学教授

第14号「証券アナリスト規制と強制情報開示・不公正取引規制」　2006年7月
　　　　報告者　戸田暁京都大学助教授

第15号「新会社法のもとでの株式買取請求権制度」　　　　2006年9月
　　　　報告者　藤田友敬東京大学教授

第16号「証券取引法改正に係る政令等について」　　　　　2006年12月
　　　（ＴＯＢ、大量保有報告関係、内部統制報告関係）
　　　　　　報告者　池田唯一　金融庁総務企画局企業開示課長

第17号「間接保有証券に関するユニドロア条約策定作業の状況」　2007年5月
　　　　　報告者　神田秀樹　東京大学大学院法学政治学研究科教授

第18号「金融商品取引法の政令・内閣府令について」　　　2007年6月
　　　　　報告者　三井秀範　金融庁総務企画局市場課長

第19号「特定投資家・一般投資家について―自主規制業務を中心に―」　2007年9月
　　　　　報告者　青木浩子　千葉大学大学院専門法務研究科教授

第20号「金融商品取引所について」　　　　　　　　　　　2007年10月
　　　　　報告者　前田雅弘　京都大学大学院法学研究科教授

第21号「不公正取引について‐村上ファンド事件を中心に‐」　2008年1月
　　　　　報告者　太田 洋 西村あさひ法律事務所パートナー・弁護士

第22号「大量保有報告制度」　　　　　　　　　　　　　　2008年3月
　　　　　報告者　神作裕之　東京大学大学院法学政治学研究科教授

第23号「開示制度（Ⅰ）―企業再編成に係る開示制度および　2008年4月
　　　集団投資スキーム持分等の開示制度―」
　　　　　報告者　川口恭弘 同志社大学大学院法学研究科教授

第24号「開示制度（Ⅱ）―確認書、内部統制報告書、四半期報告書―」　2008年7月
　　　　　報告者　戸田　暁　京都大学大学院法学研究科准教授

第25号「有価証券の範囲」　　　　　　　　　　　　　　　2008年7月
　　　　　報告者　藤田友敬　東京大学大学院法学政治学研究科教授

第26号「民事責任規定・エンフォースメント」　　　　　　2008年10月
　　　　　報告者　近藤光男　神戸大学大学院法学研究科教授

第27号「金融機関による説明義務・適合性の原則と金融商品販売法」2009年1月
　　　　　報告者　山田剛志　新潟大学大学院実務法学研究科准教授

第28号「集団投資スキーム（ファンド）規制」　　　　　　2009年3月
　　　　　報告者　中村聡 森・濱田松本法律事務所パートナー・弁護士

第 29 号「金融商品取引業の業規制」　　　　　　　　　　　　2009 年 4 月
　　　　　報告者　黒沼悦郎　早稲田大学大学院法務研究科教授

第 30 号「公開買付け制度」　　　　　　　　　　　　　　　　2009 年 7 月
　　　　　報告者　中東正文　名古屋大学大学院法学研究科教授

第 31 号「最近の金融商品取引法の改正について」　　　　　　2011 年 3 月
　　　　　報告者　藤本拓資　金融庁総務企画局市場課長

第 32 号「金融商品取引業における利益相反　　　　　　　　　2011 年 6 月
　　　　─利益相反管理体制の整備業務を中心として─」
　　　　　報告者　神作裕之　東京大学大学院法学政治学研究科教授

第 33 号「顧客との個別の取引条件における特別の利益提供に関する問題」2011 年 9 月
　　　　　報告者　青木浩子　千葉大学大学院専門法務研究科教授
　　　　　　　　　松本譲治　ＳＭＢＣ日興証券　法務部長

第 34 号「ライツ・オファリングの円滑な利用に向けた制度整備と課題」2011 年 11 月
　　　　　報告者　前田雅弘　京都大学大学院法学研究科教授

第 35 号「公開買付規制を巡る近時の諸問題」　　　　　　　　2012 年 2 月
　　　　　報告者　太田 洋 西村あさひ法律事務所弁護士・NY 州弁護士

第 36 号「格付会社への規制」　　　　　　　　　　　　　　　2012 年 6 月
　　　　　報告者　山田剛志　成城大学法学部教授

第 37 号「金商法第 6 章の不公正取引規制の体系」　　　　　　2012 年 7 月
　　　　　報告者　松尾直彦　東京大学大学院法学政治学研究科客員
　　　　　　　　　教授・西村あさひ法律事務所弁護士

第 38 号「キャッシュ・アウト法制」　　　　　　　　　　　　2012 年 10 月
　　　　　報告者　中東正文　名古屋大学大学院法学研究科教授

第 39 号「デリバティブに関する規制」　　　　　　　　　　　2012 年 11 月
　　　　　報告者　神田秀樹　東京大学大学院法学政治学研究科教授

第 40 号「米国 JOBS 法による証券規制の変革」　　　　　　　2013 年 1 月
　　　　　報告者　中村聡 森・濱田松本法律事務所パートナー・弁護士

第 41 号「金融商品取引法の役員の責任と会社法の役員の責任　2013 年 3 月
　　　　─虚偽記載をめぐる役員の責任を中心に─」
　　　　　報告者　近藤光男　神戸大学大学院法学研究科教授

第 42 号「ドッド＝フランク法における信用リスクの保持ルールについて」2013 年 4 月
　　　　　報告者　黒沼悦郎　早稲田大学大学院法務研究科教授

第 43 号「相場操縦の規制」　　　　　　　　　　　　　　　　2013 年 8 月
　　　　　報告者　藤田友敬　東京大学大学院法学政治学研究科教授

第44号「法人関係情報」　　　　　　　　　　　　　　　　　2013年10月
　　　　報告者　川口恭弘　同志社大学大学院法学研究科教授
　　　　　　　　平田公一　日本証券業協会常務執行役

第45号「最近の金融商品取引法の改正について」　　　　　　2014年6月
　　　　報告者　藤本拓資　金融庁総務企画局企画課長

第46号「リテール顧客向けデリバティブ関連商品販売における民事責任　2014年9月
　　　─「新規な説明義務」を中心として─」
　　　　報告者　青木浩子　千葉大学大学院専門法務研究科教授

第47号「投資者保護基金制度」　　　　　　　　　　　　　　2014年10月
　　　　報告者　神田秀樹　東京大学大学院法学政治学研究科教授

第48号「市場に対する詐欺に関する米国判例の動向について」2015年1月
　　　　報告者　黒沼悦郎　早稲田大学大学院法務研究科教授

第49号「継続開示義務者の範囲─アメリカ法を中心に─」　　2015年3月
　　　　報告者　飯田秀総　神戸大学大学院法学研究科准教授

第50号「証券会社の破綻と投資者保護基金　　　　　　　　　2015年5月
　　　─金融商品取引法と預金保険法の交錯─」
　　　　報告者　山田剛志　成城大学大学院法学研究科教授

第51号「インサイダー取引規制と自己株式」　　　　　　　　2015年7月
　　　　報告者　前田雅弘　京都大学大学院法学研究科教授

第52号「金商法において利用されない制度と利用される制度の制限」2015年8月
　　　　報告者　松尾直彦　東京大学大学院法学政治学研究科
　　　　　　　　　　　　　客員教授・弁護士

第53号「証券訴訟を巡る近時の諸問題　　　　　　　　　　　2015年10月
　　　─流通市場において不実開示を行った提出会社の責任を中心に─」
　　　　報告者　太田　洋　西村あさひ法律事務所パートナー・弁護士

第54号「適合性の原則」　　　　　　　　　　　　　　　　　2016年3月
　　　　報告者　川口恭弘　同志社大学大学院法学研究科教授

第55号「金商法の観点から見たコーポレートガバナンス・コード」2016年5月
　　　　報告者　神作裕之　東京大学大学院法学政治学研究科教授

第56号「EUにおける投資型クラウドファンディング規制」　2016年7月
　　　　報告者　松尾健一　大阪大学大学院法学研究科准教授

第57号「上場会社による種類株式の利用」　　　　　　　　　2016年9月
　　　　報告者　加藤貴仁　東京大学大学院法学政治学研究科准教授

第58号「公開買付前置型キャッシュアウトにおける　　　　　2016年11月
　　　価格決定請求と公正な対価」
　　　　　報告者　藤田友敬　東京大学大学院法学政治学研究科教授

第59号「平成26年会社法改正後のキャッシュ・アウト法制」2017年1月
　　　　　報告者　中東正文　名古屋大学大学院法学研究科教授

第60号「流通市場の投資家による発行会社に対する証券訴訟の実態」2017年3月
　　　　　報告者　後藤　元　東京大学大学院法学政治学研究科准教授

第61号「米国における投資助言業者（investment adviser）　2017年5月
　　　　の負う信認義務」
　　　　　　報告者　萬澤陽子　専修大学法学部准教授・当研究所客員研究員

第62号「最近の金融商品取引法の改正について」　　　　　2018年2月
　　　　　報告者　小森卓郎　金融庁総務企画局市場課長

第63号「監査報告書の見直し」　　　　　　　　　　　　　2018年3月
　　　　　報告者　弥永真生　筑波大学ビジネスサイエンス系
　　　　　　　　　　　　　　ビジネス科学研究科教授

第64号「フェア・ディスクロージャー・ルールについて」　2018年6月
　　　　　報告者　大崎貞和　野村総合研究所未来創発センターフェロー

第65号「外国為替証拠金取引のレバレッジ規制」　　　　　2018年8月
　　　　　報告者　飯田秀総　東京大学大学院法学政治学研究科准教授

第66号「一般的不公正取引規制に関する一考察」　　　　　2018年12月
　　　　　報告者　松井秀征　立教大学法学部教授

第67号「仮想通貨・ＩＣＯに関する法規制・自主規制」　　2019年3月
　　　　　報告者　河村賢治　立教大学大学院法務研究科教授

第68号「投資信託・投資法人関連法制に関する問題意識について」2019年5月
　　　　　報告者　松尾直彦　東京大学大学院法学政治学研究科
　　　　　　　　　　　　　　客員教授・弁護士

第69号「「政策保有株式」に関する開示規制の再構築について」2019年7月
　　　　　報告者　加藤貴仁　東京大学大学院法学政治学研究科教授

第70号「複数議決権株式を用いた株主構造のコントロール」2019年11月
　　　　　報告者　松井智予　上智大学大学院法学研究科教授

第71号「会社法・証券法における分散台帳の利用　　　　　2020年2月
　　　　　　デラウェア州会社法改正などを参考として」
　　　　　報告者　小出　篤　学習院大学法学部教授

第72号「スチュワードシップコードの目的とその多様性」　2020年5月
　　　　　報告者　後藤　元　東京大学大学院法学政治学研究科教授

第73号「インデックスファンドとコーポレートガバナンス」2020年7月
　　　　報告者　松尾健一　大阪大学大学院高等司法研究科教授

第74号「株対価M&A/株式交付制度について」　　　　　　2020年8月
　　　　報告者　武井一浩　西村あさひ法律事務所パートナー弁護士

金融商品取引法研究会研究記録　第75号

取締役の報酬に関する会社法の見直し

令和3年2月25日

定価（本体500円＋税）

編　者　　金融商品取引法研究会
発行者　　公益財団法人　日本証券経済研究所
　　　　　　東京都中央区日本橋 2-11-2
　　　　　　　　　　　　　〒 103-0027
　　　　　　電話　03（6225）2326 代表
　　　　　　URL: https://www.jsri.or.jp

ISBN978-4-89032-691-4　C3032　¥500E